Nous sommes constitués d'une structure
biologique finie et corruptible, aux mécanismes
extrêmement complexes et raffinés.
Mais l'humanité ne se réduit pas à ces processus chimiques.
Caractérisée par sa capacité infinie de création,
elle échappe au mesurable et au prévisible.
Dans cette métamorphose permanente par laquelle
elle évolue biologiquement et culturellement,
elle se place au bord de l'inconnu,
à la lisière de l'ombre et de la lumière,
là où se tient la liberté.
En rentrant du Rwanda en guerre,
je me pose la question : Qui sommes-nous?
Nous tous, semblables et complices.
Ceux qui massacrent et ceux qui meurent,
ceux qui regardent et ceux qui tirent,
ceux qui gagnent et ceux qui perdent.
Nous ne sommes nous-mêmes que
dans la mesure où nous sommes capables
de nous indigner, de nous révolter :
«Je n'aurai vécu, dit Salvador Espriu,
que pour restituer leur sens à quelques mots».

Federico Mayor, directeur général de l'UNESCO

L'universalisme moral traditionnel
pose en axiome l'idée que la découverte
de traits communs entre tous les êtres humains
suffit à expliquer pourquoi, et peut-être
comment ils devraient s'organiser
en une communauté cosmopolite.
Il propose donc une base scientifique ou métaphysique
à la politique mondiale.
Reprenant la revendication religieuse selon laquelle
l'homme a été créé à l'image de Dieu,
l'universalisme philosophique proclame
que la présence de traits communs à toute l'humanité
témoigne d'un objectif commun.
Il soutient que la forme d'une communauté humaine
idéale peut être déterminée par référence
à l'universalité de la nature humaine. [...]
Pour des pragmatistes comme Nietzsche et James,
toute explication de ce qu'est l'être humain
n'est qu'une tentative camouflée de donner forme
à une nouvelle communauté humaine.
Pour eux, la question «Qui sommes-nous?»
devrait remplacer le «Que sommes-nous?»
en tant que question primordiale de la philosophie.
Car c'est la seule à laquelle nous retournerons toujours –
celle qui a toujours trouvé sa réponse dès avant
que nous ne répondions à d'autres questions.
La question «Qui sommes-nous?»
remplace l'interrogation des anciens Grecs
«Qu'est-ce que l'Etre?»

et aussi celles de Kant : «Que puis-je savoir?»
et «Qu'est-ce que l'Homme?»
Elle se substitue à toutes ces questions
par un renouvellement de l'interrogation kantienne
«Que puis-je espérer?»...
Cette question devient donc :
«Que pouvons-nous espérer?»
Car il ne s'agit plus, comme c'était le cas pour Kant,
d'une question sur l'immortalité de l'âme individuelle,
mais sur l'avenir de l'espèce.
La question «Qui sommes-nous?» est futuriste
au même titre que la question
«Que sommes-nous?» ne l'est pas.
La question «Que?» enchâsse la notion
pré-darwinienne d'une essence humaine,
celle qui brille parmi d'autres essences
dans le «ciel» platonicien.
La question «Qui?» se pose à l'écart de la notion d'essence,
de réalité intrinsèque, et par conséquent, hors de la
distinction entre apparence et réalité.
Elle consiste donc à cesser de poser
une question éternelle, pour en formuler
une au sujet des temps futurs.
Cependant cette question sur le futur ne sollicite
pas une prédiction, mais plutôt un projet.
S'interroger sur qui nous sommes devient une manière
de se demander quel est le futur
que nous devrions édifier en coopération.

Richard Rorty, philosophe, université de Virginie

Les réponses sont là : «Nous sommes... les gens d'ici,
pas ceux d'en face; ceux de toujours,
pas les nouveaux venus; le *happy few*, pas la masse;
les purs, pas les métis; les hommes pas les femmes;
ceux qui sont ainsi, pas les autres.»
Ce ne sont pas des réponses, mais des affirmations
d'identité de groupes. [...] Avoir en partage une exclusivité,
voilà sans doute la jouissance suprême du groupe fermé.
Et elle est terrifiante deux fois : pour ceux qui ne sont
pas dans ce groupe, ils n'y entreront pas et leur exclusion
les condamne tôt ou tard à l'élimination;
pour les membres du groupe, que cette appartenance
va contraindre à la conformité extrême,
à l'assimilation forcée qu'elle soit consciente ou non. [...]
Dire le propre de soi, énoncer sa nature, ce que l'on croit
tel, voilà qui est être sûr de soi, c'est-à-dire ignorant
de la place de l'autre en soi, cet autre pourtant si
nécessaire à tout processus d'identification.
La différence précède la nature. L'autre est en nous,
cela est très commun, et c'est cela que le «nous sommes»
cache ou refuse. [...] La question «Qui sommes-nous?»
peut ignorer toute universalité humaine et considérer que
les identités restreintes suffisent à combler le sens de la vie.
Mais quand est constituée une certaine conscience
universelle de l'humain – et de nos jours, il en est une,
quelles que soient ses contradictions – alors nous, dans
notre diversité, en sommes bouleversés, et la question
«Qui?» que nous nous adressons n'est plus la même.

Bernard Michaux, professeur en Lettres supérieures, Paris

Chacun des trois mots de la formule : «Qui sommes-nous?»
suffit à déclencher des rafales de problèmes. [...] D'abord,
si l'on ose dire, qui est *qui*? Qui est juge de *qui*? Qui peut
dire quoi que ce soit sur le *qui*, sinon le *qui* lui-même?
Ensuite, l'apparition de l'être sous la forme,
si évidente et si troublante, du présent : *sommes*. [...]
Enfin, le mot *nous*, dont personne ne peut savoir
s'il vise le roi tout seul qui dit *nous*, un clan familial [...],
une communauté linguistique ou religieuse, une tribu,
une patrie, un empire, une tradition, un projet –
ou les hommes en général. Si c'est des hommes en général
que nous parlons ici, qui donc peut parler d'eux dans
leur diversité, sinon eux-mêmes et eux seuls?
Un Japonais peut parler des Suisses, un Suisse
des Japonais, [...] un homme du xxe siècle des hommes
du Moyen-Age ou de la préhistoire. Il n'y a jamais
que les hommes pour pouvoir parler des hommes.
Regards [...] dans l'espace, de tels hommes sur tels hommes.
Regards [...] du présent vers le passé, et peut-être – mais
dans quelle mesure – vers l'avenir. [...] Le temps est le
milieu même où se pose notre problème qui naît dans
la biologie et se déploie dans l'histoire [...]. La politique
s'empare inévitablement d'une machine lancée par la
biologie et la paléontologie. Aux mythes de l'origine
répond l'espérance de l'avenir. Une incertitude d'être
tremble, sous les espèces de l'adolescence, des minorités,
des différences économiques ou sexuelles, des utopies ou
des sectes, au cœur de la question : «Qui sommes-nous?»

Jean d'Ormesson, de l'Académie française

L es *Rencontres philosophiques de l'UNESCO* ont lieu tous les ans. Elles mettent en présence philosophes, savants, artistes... autour d'une question commune, ouvrant ainsi un espace à la réflexion critique et au dialogue public. Pour leur préparation, l'UNESCO fait appel à un collège de philosophes renouvelé chaque année. Les premières *Rencontres* eurent lieu autour du thème «Qu'est-ce qu'on ne sait pas?» Les deuxièmes *Rencontres*, qui se déroulèrent du 27 au 30 mars 1996, ont été guidées par les travaux de Richard Rorty, Zaki Laïdi, Bernard Michaux, Pilar Echeverría, Dorothy Blake et Ehsan Naraghi. Les textes présentés ici ont été établis d'après quelques-unes des interventions, formant un ensemble de «morceaux choisis».

Tous droits de traduction et d'adaptation réservés pour tous pays
© Unesco/Gallimard 1996 pour l'édition française
© Unesco 1996 pour le texte
Dépôt légal : novembre 1996
Numéro d'édition : 78732
ISBN UNESCO : 92-3-203350-X
ISBN Gallimard: 2-07-053400-6
Imprimerie Kapp Lahure Jombart, à Evreux

QUI SOMMES-NOUS?

Textes présentés et établis
par Ayyam Sureau

DÉCOUVERTES GALLIMARD/ÉDITIONS UNESCO
PHILOSOPHIE

Richard Rorty   Annette C. Baier   Daniel C. Dennett   Angèle Kremer-Marietti

Zaki Laïdi   Nicole Morgan

Richard A. Posner   Alain-Gérard Slama   Vitali Tselishchev

Marcel Gauchet   Souleymane Bachir Diagne

L'universel à l'épreuve

Qui sommes-nous? A peine cette question posée, notre premier mouvement est de chercher la réponse en remontant aux origines; en scrutant les lois de la génétique; en essayant de saisir l'essence de l'homme sous la diversité mouvante des apparences; en distinguant la nature de l'homme de celle des choses, des bêtes et des dieux.

La philosophie propose une démarche différente.

On la voit ici résister à la tentation de transformer la question «Qui sommes-nous?» en «Que sommes-nous?»; c'est-à-dire résister à la tentation métaphysique ou scientifique.

«Qui sommes-nous?» est une question politique par excellence. C'est la question de la volonté – Qui voulons-nous être? – et des chances de la volonté – Qui pouvons-nous être? – Pouvons-nous créer une communauté morale mondiale?

Que reste-t-il de l'idée universaliste héritée des Lumières et qui a justifié la création des Nations unies? Peut-on croire encore, après les tourments de ce siècle, qu'à travers l'histoire, c'est l'éducation de l'homme à la raison – à la même raison – qui s'accomplit?

Grands mouvements économiques, perte des repères politiques, effets pervers de la mondialisation, inintelligibilité des phénomènes sociologiques, désillusion historique : peut-être assistons-nous au renversement des rapports du collectif et de l'individuel. A la fin du XXe siècle, le «je» serait-il plus aisé à connaître que le «nous»?

Universalisme moral et tri économique

Pour le philosophe Richard Rorty, la question «Qui sommes-nous?» est d'emblée politique. Elle interroge notre identité collective, c'est-à-dire le projet qui rassemblerait l'humanité tout entière en une même «communauté morale». Aujourd'hui, celle-ci est loin d'exister. Annette Baier revient sur la définition de la communauté morale proposée par Rorty. Faut-il la limiter aux personnes avec qui nous entretenons une solidarité concrète?

Le conseil de sécurité de l'ONU.

«Qui sommes-nous?» Poser la question, c'est se demander quel avenir nous devrions chercher à construire. Pour le philosophe américain William James, il s'agissait d'instaurer une communauté coopérative mondiale où les ressources de la planète seraient réparties de façon à assurer à tout enfant la possibilité de s'épanouir. Vision qui ne pouvait que susciter le mépris des esprits plus aristocratiques, Nietzsche en tête.

Je dois concéder à Nietzsche qu'il est improbable que les applications d'une technologie quelle qu'elle soit permettent demain à tous les parents de la planète d'offrir à leurs enfants des possibilités un tant soit peu comparables à celles que les familles des régions privilégiées du monde considèrent aujourd'hui comme normales. Il serait tout aussi illusoire de penser que les habitants des démocraties industrielles prospères vont redistribuer leurs richesses pour offrir de brillantes perspectives d'avenir aux enfants des pays non développés au risque de mettre en danger, voire détruire, les chances de leur propre progéniture. Du reste, les institutions démocratiques des pays industrialisés ont un coût fort élevé.

Une entreprise désespérée?

Ce qui m'intéresse c'est de dresser le bilan moral des sociétés nanties à travers la question «Qui sommes-nous?»

Une réponse classique est l'idéalisme moral qui conduit un groupe restreint à s'identifier en esprit à une collectivité plus large, comme cela s'est passé en 1945, lorsque des représentants de gouvernements ont proclamé : «Nous, peuples des Nations unies». Aujourd'hui, nous devons nous demander si l'on peut encore utiliser cette formule pour se référer à une communauté morale qui n'a toujours pas vu le jour en raison de la cruauté et de l'avidité des nations riches –

à moins que ce ne soit parce qu'elle est impossible à réaliser.

Supposons qu'il soit impossible d'offrir des conditions de vie décentes aux quelque cinq milliards de défavorisés de notre planète tout en préservant les institutions socio-politiques démocratiques chères à un milliard de privilégiés. Supposons que l'équilibre entre population et ressources naturelles soit irrémédiablement rompu. Supposons que le milliard de privilégiés soit parvenu à cette conclusion non par cupidité, mais en se fondant sur des calculs économiques précis. Inévitablement, les riches excluront cette majorité de pauvres de leur univers moral. Ils ne pourront plus les considérer comme des membres de la grande famille du *nous*.

Voilà qui paraîtra sans doute excessif car il doit y avoir une marge de manœuvre entre l'éthique et l'argent, entre ce qu'il faudrait faire et ce que l'on peut faire.

Le raisonnement est plausible, mais guère convaincant. Lorsqu'un hôpital est submergé par les victimes d'une catastrophe, médecins et infirmiers opèrent un tri : ils décident quels blessés sont «médicalement traitables» et doivent faire l'impasse sur toutes les victimes qui gémissent à la porte de l'hôpital. Lorsque les cinq milliards de défavorisés de la planète s'entendent dire qu'il n'est pas économiquement faisable d'atténuer leur pauvreté, ils se trouvent logés à la même enseigne que les victimes qui restent sans soins. Dans un cas comme dans l'autre, les décideurs répondent à la question «Qui sommes-nous?» en excluant certains individus du club des «nous qui pouvons espérer survivre».

Venir à son secours

Selon le principe philosophique général de Charles S. Peirce, les convictions sont des habitudes d'action. Ainsi, penser que quelqu'un est «l'un d'entre nous», c'est se montrer prêt à venir à son secours quand il se trouve dans le besoin. Ce qui explique que le «Nous, peuples des Nations unies» sonne creux lorsqu'il est proféré par ceux qui ne croient pas que les démocraties industrialisées puissent apporter l'espoir ou les droits de l'homme aux milliards de nécessiteux. On ne saurait taxer d'hypocrisie les fondateurs des Nations unies car, à l'époque, ils jetaient les bases d'un projet qui paraissait politiquement et économiquement réalisable, visant à bâtir une communauté morale à partir d'une masse de peuples qui ne s'étaient encore jamais constitués en communauté.

Aujourd'hui, pour avoir une quelconque validité sur le plan moral, toute réponse à la question «Qui sommes-nous?» doit prendre en compte la réalité économique. Un programme de redistribution égalitaire de la richesse ne sera politiquement viable que s'il y a suffisamment d'argent pour que les riches puissent encore se percevoir comme tels. Pour qu'ils aient le sentiment d'appartenir à la même communauté morale que les pauvres, il faut proposer une stratégie qui donne des raisons d'espérer aux enfants démunis sans pour autant compromettre les espérances des enfants nantis. Ce qui suppose que l'on croie à la possibilité d'éviter un «tri économique».

Richard Rorty, philosophe, université de Virginie (Etats-Unis)

L'exposé d'Annette C. Baier est méthodique; il reprend un à un les arguments de Rorty. Adopter un projet de solidarité, est-ce une affaire de choix ou de nécessité, sur une si petite planète? Par ailleurs de tels projets n'existent-ils pas déjà? En dépit de ces questions, ou à

Ci-dessus et ci-dessous, réfugiés albanais dans le port de Brindisi, Italie, mars 1991.

cause d'elles peut-être, Baier et Rorty s'accordent sur l'essentiel : cette solidarité est indispensable.

Mon idée est que nous faisons confiance à différentes personnes dans des domaines différents. Cette confiance n'est pas toujours réciproque, dans ce sens qu'il ne faut pas espérer recevoir de ceux à qui l'on a donné. Nous leur faisons cependant confiance pour qu'ils nous témoignent en retour une certaine forme de bonne volonté. Nous avons espoir que l'habitude d'entraide perdurera, et que celle que nous donnons et celle que nous recevons, prises ensemble, nous donnent le droit de prétendre avec confiance que notre aide, quand nous l'offrons, ne sera pas repoussée en notre demande, quand elle se sera exprimée, trouvera quelque écho, reflet d'une confiance mutuelle.

Si quelqu'un devait prendre les mesures de triage sans pitié qu'envisage Rorty, suivant Posner, je doute qu'il puisse s'y reconnaître ou que cela lui donne envie de vivre plus longtemps. A ma connaissance, il n'existe aucun exemple réaliste de milliards de gens affamés gardant le silence. En dernier lieu, il y aura, il y a déjà, les fléaux et les épidémies. Il y a aussi l'immigration clandestine dans les pays les plus riches et le terrorisme. Il n'existe aucun moyen de fermer nos portes et nos frontières aux clandestins, aux terroristes ou aux virus. Nous sommes vulnérables au malheur des plus pauvres, à leur ressentiment et à leur détermination à partager notre richesse par des moyens illégaux quand les voies légales ne s'offrent pas.

David Hume a défini la communauté morale, en tant que droits et devoirs mutuellement reconnus, comme la possibilité pour chacun d'exercer du ressentiment. Il a repris chez Hobbes et développé l'idée que c'est par une réciproque vulnérabilité, à la vie elle-même et à ses largesses, qu'une personne raisonnable définit les limites de sa propre communauté morale. C'est à l'intérieur de cette communauté (pour nous aujourd'hui, globale) que différents peuples, au sens où Rorty l'entend, c'est-à-dire une superposition de communautés définies par la confiance, peuvent surgir.

Il existe d'autres scénarios

Des systèmes de coopération existent, agissent dans le monde entier et influent sur la vie des plus fanatiques isolationnistes à Pittsburgh, à Paris, à Chicago ou à Charlottesville. Le courrier international et les services téléphoniques fonctionnent plus ou moins bien. Les épidémies de maladies sont signalées à l'OMS et l'ONU engage des opérations internationales de maintien de la paix. De toute évidence, les chances de succès de quelque programme alimentaire mondial que ce soit ne dépendent pas seulement de la découverte de voies politiques adéquates de redistribution des richesses, mais aussi de la capacité d'agences de contrôle à trouver les solutions politiques et culturelles à la limitation des naissances, en particulier dans les parties les plus pauvres du monde, à freiner la destruction et la pollution de l'écosystème par les nations riches, à partager les informations et les techniques afin d'encourager les plus fortunés à vivre de manière moins insouciante et les plus pauvres à réduire leur pauvreté en tirant un meilleur parti de leurs ressources. Acquérir et partager un tel savoir-faire a un prix, moins élevé pour les riches que celui dont il faudrait finalement s'acquitter si rien n'était fait.

Rorty soutient la thèse selon laquelle seuls les gens fortunés pourraient avoir considéré la démocratie sérieusement. A. Baier avance que la richesse n'est pas une condition suffisante à l'épanouissement des institutions démocratiques.

Un contre-exemple : la Nouvelle-Zélande

En dépit d'une pauvreté très répandue, le degré d'instruction était très élevé dans l'Ecosse du XIXᵉ siècle et les immigrants écossais qui s'installèrent en Nouvelle-Zélande firent une priorité de la construction d'écoles et d'universités alors même qu'ils vivaient encore dans des huttes faites de terre. D'Ecosse, ils ramenaient avec eux la conviction que l'éducation devait être accessible à tous et un héritage culturel qui faisait du droit civique la légitime propriété de tout peuple. Ces trésors culturels, loin de tout haut niveau de vie au sens matériel, permirent aux institutions démocratiques de se développer, et même de pousser de l'avant celles de Grande-Bretagne, si tant est que l'égalité est un idéal démocratique. Sans doute les relatifs succès de l'expérience démocratique en Nouvelle-Zélande – comme en Islande –

sont-ils imputables aussi à leur situation géographique isolée. La Nouvelle-Zélande a eu recours à une politique d'immigration douteuse avec pour but de limiter le pluralisme culturel en ménageant les Polynésiens tout en excluant les Asiatiques et autres non-Européens, à l'exception de quelques Chinois arrivés pendant la période de la ruée vers l'or. La voie de l'alphabétisation et de la démocratie allait de pair avec une certaine xénophobie.

Néanmoins, les premiers colons anglais firent naître des germes de tolérance, afin de parvenir à certains accords avec les indigènes. Plusieurs générations de mariages inter-ethniques faisant disparaître les différences de types physiques aboutirent à une situation de tolérance qui fut d'une grande utilité après la Seconde Guerre mondiale quand la politique d'immigration fut assouplie.

Que ne puis-je espérer ?

Il y a eu d'autres expériences en démocratie, dont certaines réalisées dans des situations très éloignées de l'état d'abondance. D'autres expériences encore ont été menées à travers des projets de coopération mondiale – dont certaines sur lesquelles on peut toujours compter – et qui ont généré l'espoir qu'elles pourraient être étendues et affermies. Rorty conseille de nous pencher sur la question de Kant : «Que pouvons-nous espérer?» Aussi étroit et exclusif que soit le sens que l'on donne à ce «nous» (Kant lui-même nous pensait condamnés à être «citoyens du monde»), il y a une chose que nous ne pouvons pas espérer, c'est d'avoir une vie heureuse qui ignorerait notre besoin de coopération.

Annette C. Baier, philosophe,
(Nouvelle-Zélande)

Qui pouvons-nous être?

A la différence de Richard Rorty, Daniel Dennett n'est pas pessimiste quant à la part de l'éducation et de l'exercice de la démocratie dans la création d'une communauté morale mondiale. En homme des Lumières, il pense que nous avons des choix rationnels à opérer : nous pouvons repousser le tri économique et rechercher par la «conversation» une autre voie. Angèle Kremer-Marietti partage cette conviction. Le projet d'une démocratie planétaire doit être maintenu comme une finalité digne de nous.

Magritte, *L'Art de la conversation*, 1950.

Quels fondements pour une communauté morale?

Rorty estime impossible d'édifier une communauté morale planétaire et se dit profondément pessimiste quant aux progrès de la démocratie et de l'éducation. Sans partager son pessimisme, je ne suis probablement guère mieux armé que lui pour défendre mon point de vue. Nous les philosophes, nous laissons à d'autres le soin de collecter les données et d'effectuer les calculs qui étaieront nos convictions. Mais sans attendre des résultats précis, on peut tout de même formuler sans grand risque d'erreurs quelques constats de base.

S'il est évident que tout le monde ne peut pas posséder un yacht, ni être diplômé de la Sorbonne, en revanche je suis convaincu que tout un chacun peut posséder une radio, un téléphone, une télévision, être vacciné, savoir lire et écrire et s'alimenter correctement. Rorty ne me contredirait pas forcément là-dessus. Aussi, plutôt que de nous appesantir sur le pessimisme ou l'optimisme de nos intuitions respectives, examinons sa thèse philosophique.

Que se passe-t-il si une communauté morale universelle est tout simplement impossible, même avec la meilleure volonté du monde? Dans ce cas, nous dit Rorty, le tri est inévitable. Il a raison de souligner qu'il est moralement répugnant d'invoquer des «droits de l'homme» que l'on n'a nullement l'intention de défendre, sachant que la vie est trop courte et les ressources disponibles trop maigres pour les sacrifier à cette cause.

Aujourd'hui, c'est l'information qui rapproche les gens. Je me demande s'il existe encore des peuplades vivant à l'intérieur des frontières d'un Etat dont elles n'ont jamais entendu parler, protégées par des lois dont elles ne soupçonnent même pas l'existence. L'information a changé. Nous en savons trop; le tri en est la conséquence.

Rorty nous dira aussi qu'il n'y a pas de bons ou de mauvais choix, mais seulement des choix hypocrites ou aveugles, par opposition à ceux qui définissent en toute lucidité qui nous sommes. Je ne suis pas d'accord. Il y a des choix objectivement mauvais et même s'il n'existe pas un bon choix à l'exclusion de tout autre, les options susceptibles de déboucher sur des choix corrects sont relativement restreintes. Prenons un exemple : les échecs nous paraissent un jeu imprévisible car nous écartons d'emblée tous les coups dont nous savons que l'adversaire ne les retiendra pas parce qu'ils sont manifestement et objectivement un mauvais choix, et concentrons notre attention sur les impondérables, qui n'offrent pas de solution tranchée. Dans ces cas tangents, personne n'a encore trouvé le coup gagnant, mais il se peut qu'il existe une bonne réponse, dont la réflexion humaine apportera un jour la preuve. Les questions qui sont au cœur de toute investigation humaine sont les plus impondérables, celles pour lesquelles on peut soutenir les arguments les plus contradictoires. Ce désaccord omniprésent, cette incertitude peuvent nous convaincre qu'en fait la vérité n'existe pas; tout ne serait que politique et conversations. C'est là une illusion, une erreur due à un manque de recul.

Je suis un homme des Lumières : je dirai même que le renoncement progressif à l'optimisme des Lumières traduit un manque de courage, reflète une évolution qu'il faut chercher à contrer. A mon sens, l'une des caractéristiques de l'être humain, c'est qu'il aspire à découvrir la vérité. Seuls des nantis de l'éducation – des surinstruits? – peuvent prendre au sérieux l'idée selon laquelle la quête de la vérité objective est illusoire. La réflexion parvient à cette prouesse inédite : reconnaître et évaluer la possibilité pour l'homme d'être (objectivement) dans l'erreur, tout en ayant (subjectivement) le sentiment d'avoir raison.

Pour Rorty, la conversation est ce à quoi nous avons recours une fois abandonnée la quête du savoir objectif, alors que j'y vois le préambule qui va susciter cette quête et la stimuler. L'universalisme moral a lui aussi un rapport avec la conversation. C'est l'échange intellectuel fructueux – la conversation – et non pas la copulation, qui a toujours défini l'espèce humaine. On ne peut pas faire parler un chimpanzé; on ne sait pas avec certitude si un être humain peut féconder un chimpanzé, ou être fécondé par lui. Supposons qu'une telle union engendre une progéniture : son appartenance à la «communauté coopérative mondiale» de James dépendra de son aptitude à converser, et non de sa capacité reproductive.

Ce qui m'amène, en m'inspirant de la démarche de Rorty et dans le même esprit constructif, à proposer une conception qui prend le contre-pied de la sienne. Peut-être n'est-il pas possible de créer une telle communauté, mais nous n'en savons rien. Aussi jusqu'à plus ample informé est-il raisonnable de repousser indéfiniment le «tri» mondial. Il pourrait s'avérer plus facile qu'on ne le pense de mettre la technologie et la conversation au service d'un élargissement de cette communauté morale qui existe de fait.

Daniel C. Dennett, philosophe, université de Tufts (Etats-Unis)

La démocratie planétaire, même utopique, demeure le seul projet que l'humanité ait le devoir de réaliser, suivant l'analyse d'Angèle Kremer-Marietti.

Comme Daniel Dennett, je pense qu'il faut viser haut. Il faudrait ambitionner de créer le grand cercle, bien concret, d'une démocratie à l'échelle de la planète : la communauté de toutes les communautés démocratiques, consentantes à la reconnaissance et au respect des droits universels de tout individu. La question sur l'identité de l'humain est provocante, autant moralement que politiquement. Sommes-nous assez solidaires? Nos visées morales et politiques sont-elles compatibles entre elles? La dignité humaine est-elle impossible à concrétiser?

Qui sommes-nous ici présents?

Le *nous* renvoie chacun de nous ici présent à un grand nombre de communautés diverses : couples, familles, amitiés, professions, associations, partis, Etats, confessions, religions. Cette diversité d'appartenances et cette multitude de personnes, dont la question posée vise à mobiliser la prise de conscience, comment devrait-on la penser, pour la désigner sous une identité commune, choisie de telle sorte qu'elle ne heurte aucun d'entre nous ici présents? L'identité commune, que j'invoque ici, constitue un stade possible dès que la prise de conscience dépasse les cercles étroits de l'appartenance immédiate.

Un seul point de vue est susceptible de satisfaire la première exigence, c'est le point de vue *a priori* – reconnu hors de toute rencontre ou de toute expérience – du principe universel des droits égaux des divers participants d'une même assemblée.

Une communauté concrète et diverse, aussi éphémère soit-elle, peut trouver un lieu commun de principe, fondé sur le statut juridique de ses membres, chacun étant considéré comme égal à tout autre dans cette communauté. Je dirai même qu'il y a une plus grande assurance d'universalité, là où il y a une plus grande diversité à respecter. C'est dans la pratique communautaire, dans l'échange réel, que le principe abstrait se concrétise.

L'humain au nom propre

Alors que Descartes, au XVIIᵉ siècle, se demandait : «Suis-je?» et répondait : «Je suis une chose pensante», alors que les sciences humaines naissantes travaillaient à répondre, dès le XVIIIᵉ siècle, au «Que sommes-nous?» posé par le problème anthropologique, «Qui sommes-nous?» représente un enjambée énorme vers la nouvelle modernité. En principe, la question Qui? commande, en réponse, un nom propre. L'humain au nom commun doit désormais être compris comme l'humain au nom propre. Nous connaissons le nom propre : il nous vient de la famille qui nous a élevés, de la ville que nous habitons, de l'Etat dont nous sommes les ressortissants, de la religion qui a sacralisé nos existences. Mais, en même temps, nous ne savons plus, nous ne pouvons plus compter combien de fois un nom propre a été brandi comme l'étendard et la raison de l'agression et de la destruction.

La question n'est plus : «Qu'est-ce que c'est?» mais «Qui est-ce?» Nous sommes passés d'un questionnement fondé non plus sur une philosophie naturelle mais sur une philosophie morale et politique.

La situation s'impose : elle est devenue éthique, politique, et même esthétique, puisqu'il est beau de vivre ensemble.

Richard Rorty implique dans sa question les riches et les pauvres : le pouvoir est du côté des riches et la question est de savoir comment les riches vont se décider à aider les pauvres. D'une part, poser la question sur le plan de la volonté d'un groupe de riches qui se décideraient à aider les pauvres, au risque pour les riches de devenir eux-mêmes pauvres, ce serait se placer uniquement sur le plan de la morale. D'autre part, décréter énergiquement des lois pour que ce mouvement se produise, envers et contre les riches, ce serait se placer uniquement sur le plan de la politique et même, je pense, sans réelles chances de succès politique.

Mais je dis que cette question est à la fois «morale et politique» : car chacun doit se sentir moralement et politiquement concerné à pratiquer le geste qui sauve. Il s'agit de faire face à la réalité humaine dans son entière présence – sans souhaiter un seul instant l'absence d'une ou de plusieurs de ses communautés, comme c'est encore trop souvent le cas.

Pour que nous ayons le courage de nous reconnaître – qui que nous soyons – et quand je dis «nous», je pense aussi bien à la communauté de ceux qui sont nés dans les pays riches qu'à celle de ceux qui sont nés dans les pays pauvres, il faut que nous soyons capables de ne pas rougir de nos actions politiques, locales ou nationales, et de leur reconnaître une valeur universelle.

La paix et l'éducation

Si Richard Rorty appuie ses arguments sur les philosophies pragmatiques de James et de Nietzsche, je m'appuierai moi-même un moment sur la philosophie de Schopenhauer, dont le pessimisme fondamental donne aussi les moyens de se libérer du mal.

Schopenhauer montre très clairement l'imbrication du politique et du moral en s'appuyant sur son éthique de la pitié, selon laquelle la volonté d'un individu peut s'identifier à la volonté d'un autre individu. Ce que l'on pourrait nommer la «positivité pragmatique» de Schopenhauer se révèle dans sa remise en question de la modernité. Nous pouvons constater, encore mieux qu'au XIXe siècle, combien la modernité, au lieu d'atténuer, souligne les inégalités des humains devant le mal qu'ils peuvent encourir. Finalement, dans le canevas du tissu social, Schopenhauer remarque que la même injustice est cause de jouissance chez les uns, de souffrance chez les autres. Au plaisir de commettre l'injustice, chez l'un, s'oppose réellement et concrètement, chez l'autre, la douleur d'en pâtir.

Devant cette situation insoutenable, deux solutions contraires s'imposent; mais elles peuvent se combiner. A n'envisager, comme Schopenhauer, que la pitié devant la souffrance d'autrui, la première action morale et politique devrait être de réduire la quantité des douleurs nées de l'injustice, quelle qu'elle soit.

Mais la meilleure politique ne passe-t-elle pas par le fait d'une meilleure éducation? Pour Nietzsche, il n'y a rien de plus pervers que la pitié : elle suppose, chez le souffrant, l'incapacité majeure de se libérer. Ne faut-il pas plutôt aider ceux qui souffrent à s'aider eux-mêmes?

Les deux solutions peuvent toutes deux se concrétiser. D'un côté, grâce à la création d'un observatoire de la paix, destiné à prévenir la nocivité morale et politique de certaines actions (parmi lesquelles les actions économiques); d'un autre côté, par le fait d'une éducation, qui serait missionnaire de la modernité que nous devons assumer ensemble.

Angèle Kremer-Marietti, philosophe, université d'Amiens (France)

La mondialisation tue-t-elle l'universel?

Pour le politologue Zaki Laïdi, la mondialisation s'accompagne d'une nette résurgence du relativisme. Ainsi, l'universel pourrait n'être plus qu'une idée parmi d'autres. Tandis que Zaki Laïdi argumente que l'universel survivra, Nicole Morgan se demande, en rappelant les fragiles limites de notre planète, s'il en est de même pour l'humanité.

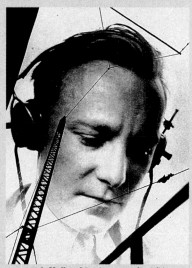

François Kollar, *L'opérateur radio à l'écoute du monde*, photomontage, 1933.

«L'universel, c'est le local moins les murs», affirmait l'écrivain portugais Miguel Torga : on ne peut s'engager valablement pour le monde, donc pour l'universel, qu'en étant bien chez soi. C'est là que la mondialisation modifie les choses car, avant d'être une valeur, elle est d'abord un processus impersonnel, sans visage, sans accompagnement symbolique.

Par analogie avec cette très belle image, je dirai donc que la mondialisation est un global où se reconstruisent les murs, les murs grâce auxquels les hommes peuvent rebâtir leur différence et retrouver un centre de gravité.

Ainsi le mode de définition de l'identité s'inverse radicalement : ce n'est plus un *je* qui se projette dans un *nous* plus large, tel ce fleuve qui se jetterait dans la mer pour rester fidèle à sa source, mais un *je* beaucoup plus restrictif qui tend à se reconstruire sur le mode de l'inquiétude contre un *nous* désormais mondialisé.

Pourquoi cette disjonction entre la mondialisation et l'universalité alors que le marché s'universalise, que la démocratie est une idée qui a une résonance croissante dans le monde, que la reconnaissance des droits de l'homme est sans cesse réaffirmée, précisée, codifiée? J'avancerai quatre raisons.

Société de marché

La mondialisation développe un imaginaire de la circulation accélérée des biens, des services et des idées, mais celles-ci, en circulant de plus en plus vite, risquent de ne pas s'arrêter, d'où parfois le sentiment de frustration – observé par exemple à propos de la démocratie devant le hiatus entre une idée dont la légitimité est clairement universelle et son enracinement bien plus superficiel.

Les sociétés occidentales sont en train de basculer d'une économie de marché vers la société de marché, selon l'expression de l'économiste autrichien Hayek, reprise par Bill Gates. Cette société n'est que marché, le lien social y est avant tout constitué par l'échange de biens, de services, de produits, ou déterminé par un rapport contractuel et exclusivement individuel. Elle se développe donc sans médiation sociale, à commencer par celle de l'Etat. Or détruire les médiations sociales c'est renoncer à un *nous* universel qui se dissout dans un *je* à l'échelle mondiale.

La mondialisation est le révélateur ou l'accélérateur de la montée en puissance du relativisme qui développe un imaginaire du libre choix : je relativise tout parce que je peux tout choisir. Relativisme des valeurs occidentales, mais sans confondre la relativisation de l'universel occidental avec la perte de l'universel; relativisme philosophique puissant, dans les sociétés occidentales elles-mêmes, qui essayent de se penser par-delà la transcendance (religions et idéologies) qui s'est effondrée. Ce relativisme n'est évidemment pas propice à l'universalisme qui reste une idée, mais une idée parmi d'autres.

La mondialisation engendre enfin une uniformisation des formes : les aéroports, les centres urbains, les hôtels, les services, etc. se ressemblent partout. Les sociétés sont conduites par réaction à rechercher des centres de gravité identitaires, ériger ces murs, symboliques, que j'évoquais.

Or ces murs ne sont pas que symboliques pour les hordes de pauvres qui s'y heurtent. Pourtant, malgré ces murs et par-dessus ceux-ci, ce mouvement de mondialisation leur donne des moyens d'apostropher les riches : vous ne pouvez pas continuer à universaliser vos valeurs si en même temps vous territorialisez vos richesses. Le Nord répond : nous ne sommes plus universalistes, ou, contradictoirement, nous le sommes mais sans service après-vente, c'est-à-dire que notre universalisme n'implique pas nécessairement d'aider les plus démunis.

Or celui qui dit *nous* ne peut rester le propriétaire exclusif de ce *nous* qu'il a prononcé. Par un phénomène de réappropriation, similaire à celui observé lors de la décolonisation, l'universel n'est plus l'arme des riches qui le trouvent de plus en plus coûteux, mais plutôt l'arme ultime des pauvres.

Redécouverte de soi

En définitive, la mondialisation entraîne une renégociation de notre rapport à l'universalité, et non la disparition de celle-ci. Cette renégociation est marquée par une profonde redécouverte de soi, parfois régressive, mais également régénérante. Elle l'est aussi par la recherche d'un universel qui ne serait plus abstrait, arrogant, mais concret, donc plus contextuel et mieux adapté au monde d'aujourd'hui. Enfin, les combats pour retrouver un sens à la marche de notre monde s'inscrivent dans l'universel.

J'en donnerai un seul exemple. Un professeur japonais expliquait que l'anse par laquelle les Occidentaux prennent une tasse de thé introduit une distance entre l'objet et le sujet. *A contrario*, les Japonais la prennent à pleine main, abolissant ainsi cette distance. Il opposait une vision froide de l'Occident à une esthétique japonaise beaucoup plus chaude, qui ignore cette distinction. Ce professeur se livre alors à une démonstration d'esthétique florale japonaise. Ce faisant, il voulait montrer qu'elle parlait à l'âme dans toutes les sociétés et acquérait ainsi une valeur universelle. Autrement dit, le Japon conteste l'universalisme occidental pour lui opposer non pas le relativisme mais un universalisme esthétique d'origine asiatique.

Zaki Laïdi, politologue,
CNRS (France)

L'utopie selon laquelle nous pourrions nous affranchir des limites de l'espace et du temps a fait long feu : nous découvrons que nous avons un corps commun, la planète. Celle-ci, petite et bleue, nous renvoie, suivant Nicole Morgan, l'image de la fragilité de notre existence.

Depuis des siècles, l'humanité a opéré une fuite en avant dans le temps et dans l'espace.

Si l'on en croit Fernand Braudel et Adam Smith, cette aventure commença par une crise de l'espace réel dans une Europe à l'étroit dans ses terres et ses pensées. Le navire et l'horloge ouvrirent des horizons inespérés mais inattendus, permettant ainsi une fuite qu'on appela solution. Christophe Colomb et les explorateurs ouvrirent le monde à des espaces infinis qu'il s'agissait non seulement d'annexer mais d'organiser. Ils avaient pour principal but, bien sûr, l'Amérique, mais au-delà, ils désignaient un sixième continent, le continent du futur sur lequel Thomas More bâtit son Utopie.

Cette opération fit naître un espoir d'autant plus formidable que, peu à peu, il se renforça sous l'effet d'une triple intégration. Il s'adjoignit les valeurs du passé : le dogme chrétien aurait naturellement vocation à l'universalité. Il s'imprégna de l'ivresse d'un changement radical qui nous libérerait de nos responsabilités profanes, et donc si

F rontispice illustrant l'*Utopie* de Thomas More, 1516.

ennuyeuses, vis-à-vis du temps et de l'espace. Il plaça une foi aveugle en des techniques considérées comme neutres et employées dans un espace tout aussi neutre.

Un futur illimité?

Ainsi naquit le futur, un futur infini, sans repères précis, spatiaux ou temporels, à l'image d'un espace qu'on voudrait croire sans bornes. La réponse à la question «Qu'est-ce que l'Homme?» prend alors forme : l'humanité est une entité à part, pensante, qui peut exploiter tout ce qui lui est extérieur grâce à sa maîtrise des sciences et des techniques. C'est un acte de foi – fou si l'on y réfléchit – qui prend pour acquis que le progrès technique ira de pair avec le progrès moral.

Certes, avec la fin des grandes explorations au XIXe siècle, qui marqua la clôture de cet espace soi-disant infini, cette fuite en avant se teinta d'une certaine inquiétude. Mais d'abord Karl Marx et Herbert Spencer continuèrent de promettre d'une façon encore plus radicale des «lendemains qui chantent» à un Homme dont le bonheur dépendrait de l'économie et d'un progrès reposant sur une exploitation scientifique et technique de la nature. Enfin, depuis peu, on a créé un continent technique faute de disposer d'un espace réel. D'où une recherche effrénée de la vitesse, la contraction de l'espace s'accompagnant d'une contraction du temps.

C'est notre ultime illusion. Elle s'affirme dans des espaces communs virtuels (ceux des médias, des finances, des sciences et techniques), espaces nés de la formation d'un langage commun numérique, universel et donc unificateur. Nous pourrions la payer cher : l'humanité risquerait de se perdre dans le jeu de ses espoirs non fondés en oubliant qu'elle a un corps.

A l'image du temps immédiat qui met en péril notre temps plus lointain, notre avenir réel, Chronos – le temps en grec – risque de devenir Cronos, l'anthropophage qui dévore sa progéniture. A moins que cette terre oubliée au profit d'un temps qui nous détruit, cette terre si méprisée, devienne peut-être notre prochain grand projet (un mot qui a la même racine que progéniture) universel.

Rorty nous affirme que l'homme universel serait mort. D'autres discours n'évoquent point tant la mort que le passage à de nouvelles formes unificatrices, à commencer par un «agir communicationnel mondial» reposant sur ces espaces virtuels qui nous engagent même quand nous cherchons à nous en dissocier. Mais l'espace réel demeure, sombre rocher dense, absolu, non séparé et de moins en moins capable d'assurer la survie de l'humanité. Les analyses malthusiennes sont reprises pour prédire un retour brutal sur la Terre autour des points d'eau. Est-ce à dire que nous allons revenir au grand tri sanglant, lequel une fois achevé nous permettra de repartir de plus belle vers nos rêves technologiques conquérants?

Une révolution philosophique

Pour ma part, je crois que pour la première fois l'espèce humaine prend conscience qu'elle a un corps commun, notre planète, que nous avons découvert tel l'enfant qui découvre une identité lorsqu'il se voit. Pour la première fois aussi, elle prend conscience qu'elle est une, que nous sommes un, parce qu'il n'est pas possible de tronquer le corps, de tracer des frontières qui protègeraient des îlots. Pour la première fois enfin, les menaces pesant sur d'autres espèces animales nous renvoient à la fragilité de notre existence. L'homme moderne, arrogant, qui un jour vit l'Homme universel dans le miroir de la Renaissance, ne voit plus, quelquefois, qu'un singe nu, particulièrement vulnérable, vivant sur une planète désolée.

J'en appelle ici à l'audace et à une révolution copernicienne d'ordre philosophique qui redonnera corps à l'humanité et reconstruira son identité; une révolution qui au lieu de postuler un espace infini et un avenir lointain glorieux abattra les frontières primitives qu'elle a créées entre l'homme et la nature, le corps et l'esprit, l'homme et l'animal, l'individu et le collectif, la pensée et l'action, le savant et le politique.

Nicole Morgan, philosophe,
Centre de médecine, d'éthique
et de droit,
université McGill (Canada)

Inégalités économiques et stabilité politique

Revenant sur les fondements de l'argumentation de Richard Rorty, le juge Richard Posner s'interroge sur l'influence que l'inégalité économique aurait sur la stabilité politique d'une communauté. Les résultats d'études empiriques montrent qu'elle n'en a pas. Pourtant, répond l'historien A.-G. Slama, il demeure nécessaire de réduire les inégalités, quand celles-ci sont perçues comme intolérables.

S cène de la vie quotidienne au Bangladesh.

J'aimerais commencer par quelques définitions. Par «communauté», j'entends un groupe de personnes qui ont suffisamment en commun pour préférer fonder leurs relations sur la base de la collaboration plutôt que d'un antagonisme destructeur. Il peut y avoir compétition, elle existe même au sein de familles très étroitement unies, mais celle-ci ne s'exercera que dans les limites qu'impliquent les sentiments de sympathie et autres formes d'altruisme, ou le sens du devoir, afin que les conséquences qui en résultent soient positives. En d'autres termes, il s'agit du genre de compétition qu'Adam Smith avait à l'esprit quand il évoquait l'*invisible hand*, et qui caractérise plus ou moins le secteur du libre marché des nations riches.

Du concept de communauté à celui de stabilité

L'Europe de l'Ouest est une communauté naissante, ainsi que, peut-être, l'Amérique du Nord, mais la communauté mondiale, au sens où je l'entends, n'a pas de réelle existence. Afin d'étudier les corrélations entre ce concept de communauté et celui d'égalité économique, il me faut

attribuer un sens plus concret à la notion de communauté. Or, il est bien difficile de lui donner un contenu. Je lui substituerai donc quelquefois le concept de stabilité, plus maniable. Il existe un certain nombre de phénomènes observables qui peuvent être utilisés pour évaluer la stabilité politique d'une nation. Le nombre de coups d'Etat, réussis ou pas, l'existence d'une guerre civile, ou de fréquents changements constitutionnels, la présence d'un terrorisme politique, l'expropriation, et ainsi de suite. La stabilité politique ne consiste pas bien sûr à éliminer l'opposition. Dans le monde actuel, la stabilité politique tend à être positivement liée à l'existence d'institutions démocratiques. Les dictatures semblent être en apparence des régimes forts; il leur arrive pourtant de s'effondrer d'un seul coup. Historiquement, le pays le plus stable au monde est le Royaume-Uni, qui a toujours été à l'avant-scène des institutions et de la pensée démocratiques.

Mon but ici est de chercher les corrélations entre les divers paramètres qui définissent la communauté politique et l'égalité économique. Ce que nous mesurons quand nous abordons l'égalité économique, ce sont des revenus perçus par un certain pourcentage de la population. Cette manière d'évaluer l'égalité est ambiguë à maints égards. Elle passe sous silence les éléments tels que la composition du ménage, les bénéfices non chiffrables, l'aspect productif du travail ménager, et le fait que certains revenus sont une compensation pour les désagréments encourus.

Toutefois, si on est intéressé par les différences entre les pays et selon les époques, le caractère arbitraire de ces mesures revêt moins d'importance.

Je ne crois pas le moins du monde que les éléments déterminants d'une communauté politique se limitent aux facteurs économiques, encore moins au facteur spécifique de l'inégalité de revenus. Cependant, je vais centrer mon commentaire sur l'inégalité de revenus, sur les niveaux et les variations de revenus afin d'essayer d'analyser leurs effets sur une communauté politique. Une telle analyse est compliquée, dans la mesure où le rapport de causalité entre la communauté et l'égalité économique est à double tranchant. Il est dans la nature d'une démocratie de corriger ses propres tendances à la disparité dans la répartition des revenus. Mais ce serait une erreur de penser qu'il n'y a qu'une seule répartition démocratique des revenus, et que s'il y avait le moindre écart par rapport à cette répartition, le mécanisme politique s'en inquiéterait et ramènerait tout au niveau de la norme. Il me semble plausible que l'aggravation de l'inégalité de revenus accroisse l'importance d'une sous-classe, groupe de gens vivant en marge de la société, en état d'aliénation, qui ne sont en général pas employés légalement, qui ne votent pas, ne participent pas aux activités civiques, et qui peut-être, comme le dit Rorty, en viennent à être privés d'espoir.

Comment évaluer l'influence de la stabilité économique?

L'influence de la stabilité économique sur la communauté politique est repérable grâce à certains indicateurs.

Venons-en maintenant à ma démonstration empirique. En utilisant les données de diverses sources, j'ai retenu huit mesures de communauté politique (ou de stabilité), ou encore de présence d'institutions démocratiques libérales : risques d'expropriation; importance de la corruption publique; degrés auxquels les droits contractuels et les libertés personnelles sont protégés par un système légal, effectif et viable; nombre de manifestations de protestation, nombre de morts causées par la violence politique; transferts de pouvoir irréguliers; nombre de coups d'Etat; et une estimation de la liberté que j'ai tirée des statistiques de *Freedom House*. J'en arrive à la conclusion qu'il ne semble pas y avoir de relations évidentes entre le degré d'égalitarisme atteint par le système de distribution du revenu d'un pays et l'existence d'une communauté politique stable.

En revanche, il m'est apparu – et cela est en accord avec le propos du Pr. Rorty – que le revenu par habitant est un signe fiable de l'existence d'institutions libérales et de stabilité politique. En tout état de cause, il semble que le chemin le plus sûr pour parvenir à une communauté politique passe par des mesures qui accroissent le revenu par habitant sans souci de la manière dont ce revenu est réparti entre les classes.

Richard A. Posner, Premier Président de la Cour d'appel fédérale des Etats-Unis (7e circuit)

A.-G. Slama convient qu'il n'y a guère de lien nécessaire entre le politique et l'économique. Cependant, tous les peuples aspirant à l'égalité, une trop grande inégalité dans une société conduit ses membres à un repli communautariste préjudiciable au maintien d'une véritable démocratie.

Il existe des démocraties, même pauvres. L'Inde est, par exemple, une excellente illustration de cette contradiction. Réciproquement, nous voyons des puissances s'enrichir, comme la Chine, sans avoir l'évidence de leur évolution démocratique. Ainsi, pour reprendre la démonstration de M. Posner, il n'existe pas de lien nécessaire entre inégalités économiques et développement démocratique.

Le risque du repli

L'aspiration à l'égalité entraîne un effet pervers, que Tocqueville avait perçu et qui va un peu à l'encontre de l'analyse de M. Posner : à savoir que cela incite les citoyens à se retirer du jeu démocratique. Soit que, comme aux Etats-Unis, observés par Tocqueville, la prospérité générale augmentant, les gens se disent : «Je n'ai pas envie de me mêler à la vie politique parce que j'ai ma part, et je laisse les autres se battre pour moi.» Soit, et c'est ce que nous observons aujourd'hui, que l'on se dise : «Tout cela m'écœure, je ne vois pas la contrepartie des sacrifices qui me sont demandés par ma nation, par conséquent, je me replie.» Sur quoi?

Je me replie sur une communauté, entendue dans un sens différent de celui de Tocqueville, qui pensait surtout aux lobbies pour lesquels le jeu n'est jamais à somme nulle. Il existe des communautés où le jeu est à somme nulle, ce sont les communautés identitaires qui font valeur de leur différence. Et l'un des effets pervers de l'aspiration égalitaire est bien cette propension au repli communautariste qui fait de la différence une valeur en soi.

Tocqueville (1805-1859), caricature de Daumier.

Mais dans les sociétés trop inégalitaires ou dans une planète qui deviendrait trop inégalitaire, l'autre péril auquel nous avons à faire face, c'est précisément une situation telle que les peuples écœurés, ou, à l'intérieur d'une nation, les communautés écœurées fassent valeur de leur différence et finalement s'enferment dans la dépendance et le sous-développement.

Ainsi, je ne souscris plus aux analyses de M. Posner : il demeure nécessaire de réduire les inégalités. L'évolution entre les replis communautaristes et la finalité universaliste de la destination humaine, pour parler comme les philosophes allemands, ne peut être que procédurale. Il y a des seuils à partir desquels on se rend compte que les inégalités économiques sont intenables. Les écarts excessifs doivent être pris en compte à l'intérieur du débat politique international. On ne peut pas en faire l'économie, et c'est, à ce moment-là, à la délibération et à la négociation qu'incombe la réponse à ce problème.

Une dernière remarque : pourquoi faisons-nous preuve de ce sentimentalisme, pourquoi cette complaisance à l'égard des communautarismes, même quand ils sont intolérants, même quand ils conduisent au fascisme? Je crois que cela est largement lié à une peur typique de la fin de siècle dont nous sommes les témoins, la peur de l'abondance. C'est un phénomène que l'on retrouve à peu près tous les trente ans. On se dit que trop c'est trop, et que bientôt dans les mers il n'y aura plus de poissons.

On peut citer Hans Jonas qui tire une morale objective de l'obligation neuve qui m'est faite de gérer ce monde dans sa rareté. Même Adam Smith s'inquiétait du progrès matériel. «Voyez à quel degré de bêtise, disait-il, nos sociétés en sont

arrivées : on invente la pince à ongles.» Cette résistance permanente à la modernité est un phénomène très général qui contribue autant que la frustration devant les inégalités à encourager les phénomènes de régression identitaire qui mettent à mal nos démocraties.

Alain-Gérard Slama, historien, Institut d'Etudes politiques de Paris (France)

Yirmiahu Yovel prend la parole au sein du public pour interroger le juge Posner sur l'équivalence qu'il établit entre «communauté politique» et «stabilité politique». En effet, l'absence de troubles dans une société n'indique pas toujours l'existence d'une communauté démocratique. Il se peut que les plus démunis dans la société soient rendus si aliénés politiquement qu'ils en deviennent incapables de révolte.

Je suis d'accord avec vous sur le fait que, dans toute nation, il y a des gens qui ne font pas partie de la communauté politique : ils sont à la marge de la société, ils ne prennent pas part à la vie civique, ils ne votent pas, et ils n'obéissent pas aux lois. L'importance de cette marge varie selon les sociétés. Cependant, les indicateurs ne sont pas limités à la mesure de la stabilité politique au sens étroit, comme votre question paraît le suggérer. Ainsi, alors qu'il existe des sociétés dans lesquelles il y a un grand nombre de personnes aliénées, mes indicateurs de mesure de la communauté politique demeurent inchangés. Je crois que ce que vous suggérez n'est pas à exclure, mais apparaît peu vraisemblable car, s'il existait effectivement un nombre suffisamment grand de ces personnes, elles offriraient par exemple très peu de résistance à un coup d'Etat.

Richard A. Posner

Une société égalitaire après le communisme?

L'analyse de Rorty posait le problème d'une société égalitaire du point de vue des privilégiés. Vitali Tselishchev y oppose ici le cas de la Russie qui, débarrassée du joug d'un régime totalitaire, doit repenser un nouvel égalitarisme. Il prône lui-même un recours à l'approche du philosophe américain John Rawls qui préfère la notion d'équité à celle d'égalité pour définir la justice. Richard Rorty doute qu'un tel recours au rationalisme kantien soit d'une grande utilité.

Marché pour les nantis à Moscou, août 1991.

Richard Rorty s'intéresse à la situation morale actuelle des habitants les plus riches et les plus chanceux de la planète. Je vais, quant à moi, tenter de décrire l'état de ceux, moins riches et moins chanceux, qui vivaient il y a peu sous le régime communiste. Qu'est-il arrivé à l'idéal moral du communisme, et surtout qu'en est-il de l'idée même d'égalité après le communisme?

La question de départ était pour Rorty : dans quelle mesure sommes-nous prêts à admettre que les revendications d'autres personnes sont égales aux nôtres? Le riche ne souhaitant pas partager sa richesse, la question entre toujours en conflit avec le respect des droits de l'individu. Ce conflit est d'autant plus violent que les Russes, ayant longtemps subi un Etat qui niait ces droits, et subissant désormais une entrée brutale dans l'économie de marché, se réfugient dans un individualisme forcené. Dans un sens, le communisme, en théorie comme en pratique, est une approche égalitaire qui ignore les droits des individus. Ainsi, du point de vue du plus pauvre, il est difficile d'espérer une redistribution des richesses sans recourir à la force.

Quatre raisons de préférer l'équité

Pour le philosophe américain John Rawls, l'objectif de la justice n'est pas l'égalitarisme, mais l'équité. Le riche peut s'enrichir si cela peut contribuer à l'enrichissement du plus pauvre. En ce sens, une approche comme celle de Rawls semble particulièrement adaptée à la situation de la Russie, et cela pour quatre raisons différentes.

En premier lieu, cette conception de l'équité convient parfaitement à la Russie moderne, parce que celle-ci est caractérisée par une diversité telle qu'il est même difficile d'y trouver une définition unifiée de l'égalité. La recherche de l'équité permet de surmonter ces divisions. Dans ce contexte, l'équité signifierait : «Oublions ce qui nous divise et cherchons ce qui est d'égal intérêt pour chacun de nous.»

Deuxièmement, l'équité propose la recherche rationnelle d'une société égalitaire. En ce sens, elle rejoint la tradition kantienne de la raison unifiante, même si elle se heurte au problème de la définition de critères de bien agir.

Troisièmement, elle semble enfin incontournable dans un monde dont les institutions atteignent un tel degré d'intégration qu'il est impossible que celles des pays riches puissent s'isoler de celles d'autres pays qui connaissent l'inégalité.

Enfin, si j'ai bien compris les écrits de Richard Rorty, l'établissement d'une démocratie et la richesse d'une société, qui sont deux choses liées, sont le résultat d'événements contingents, et non de caractères intrinsèques à la nature humaine.

Redistribuer «sous le voile de l'ignorance»

A présent, mon objectif est de voir comment la notion d'équité peut permettre de repenser le problème d'une société égalitaire après le communisme. Les peuples sortis du communisme semblent dans l'incapacité de se décrire comme «nous». Le désir de bien-être personnel que l'on observe aujourd'hui en Russie, auquel s'ajoute l'absence totale de restrictions morales, aboutit à un irrespect absolu des intérêts communs. Si le communisme a ignoré les droits de l'individu au bénéfice des intérêts de l'Etat, on peut dire que l'après-communisme conduit à l'ignorance des droits de l'individu par les individus eux-mêmes.

Pour Rawls, la méthode de définition de l'équitable nécessite le recours à une fiction : celle du «voile de l'ignorance». Les acteurs doivent faire comme s'ils ignoraient quelle serait leur situation dans la société future. Or, ce concept peut être appliqué littéralement à la Russie. Comme le signale Nosick, en effet, les biens d'une société sont déjà distribués. Il est difficile de faire comme s'ils n'appartenaient à personne. Et pourtant la Russie devra distribuer les biens considérables accumulés par l'Etat. La situation à présent en Russie est exactement celle que Rawls décrit comme étant la situation initiale; il faudra, pour que le partage soit équitable, qu'elle le réalise sous «le voile de l'ignorance». Jusqu'ici l'après-communisme n'a été qu'injustice et iniquité; or il faut que rapidement les assises morales d'un «nous» soient rétablies.

Vitali Tselishchev, philosophe, Académie des Sciences de Russie

Pour penser le progrès humain en termes de fraternité plutôt que de justice, Rorty met l'accent sur l'existence d'une autre philosophie morale, représentée par exemple par Annette Baier, inspirée de la pensée de Hume.

Je pense que l'on se souviendra de ce siècle comme de celui de l'espoir socialiste. Ce fut une période où l'idéal de fraternité humaine, commun au christianisme, à la Révolution française, au bouddhisme, à l'abolition de l'esclavage ou au droit de vote des femmes, s'est cristallisé autour de la notion de socialisme dont l'achèvement a eu pour cadre la Russie. La fin de cette expérience socialiste, l'appropriation de l'idéal socialiste par des tyrans sanguinaires et cruels et par une nomenclatura «cleptocratique» nous ont peut-être conduits à mettre de côté le rêve d'une fraternité humaine à qui, un jour, le socialisme a donné un nom.

Il me semble utile de penser l'objectif de progrès moral en terme d'avènement de la fraternité plutôt qu'en terme d'accession à l'égalité et à la justice, et ce point de vue m'incite à adopter une attitude légèrement critique à l'égard de l'intérêt que porte le Pr. Tselishchev à Rawls et, de façon plus générale, à la tradition kantienne de la philosophie morale et politique. Je considère la fraternité humaine comme la possibilité de regarder les autres, et en particulier les membres d'une même famille politique, dans les yeux. Nous avons tendance à avoir honte quand un mendiant nous accoste dans la rue; c'est la raison pour laquelle nous appelons de nos vœux une société où ils auraient disparu.

Je suis d'accord avec M. Posner quand il dit qu'il est possible d'atteindre la stabilité politique sans la fraternité humaine. Mais je pense que la stabilité politique est éloignée de l'idéal de progrès politique, qui est la possibilité, pour les citoyens, de se regarder dans les yeux. Le socialisme a entrouvert cette possibilité. Le rêve du socialisme n'ayant pas abouti, nous sommes maintenant plus circonspects quant au rêve de fraternité humaine que nous ne l'étions avant.

Retour vers la tradition kantienne

Il me semble naturel que dans l'ex-Union soviétique, et dans les pays post-communistes, il y ait une réaction contre les rêves grandioses en rapport avec les règles de la justice. Après 1989, l'ex-nomenclatura a pillé les biens publics de ces pays pour les dissimuler sur des comptes en banque en Suisse. Ceci amène les philosophes à se tourner vers Kant et vers un nouveau courant de pensée politique aux Etats-Unis, illustré

en particulier par les travaux de deux philosophes distingués, inspirés par la tradition kantienne : Rawls et Nosick. Ils parlent de justice, d'égalité et de progrès social en termes kantiens en comparant un droit ou un principe moral à un autre.

Entre rêves et principes

La philosophie morale insiste sur la question : «Qui sommes-nous?» dans le sens de «Qui compose notre communauté morale?». L'objection de Hume par rapport à la pensée morale kantienne a toujours été d'affirmer que vous pouvez avoir tous les principes que vous voulez sans avoir à vous poser la question de savoir «A qui s'appliquent ces principes?» L'exemple de mon pays est évident, les fondateurs de notre système de gouvernement étaient acquis aux principes éclairés mais il y avait bon nombre de gens à qui il ne serait jamais venu à l'esprit de les mettre en pratique. En Amérique, les esclaves ne faisaient pas partie de ce «nous», ils n'étaient pas intégrés à la communauté morale.

Il me paraît évident que nous avons besoin des réponses de Hume et de Kant à des questions comme : Etant donné une communauté morale, sur la base de quels principes allons-nous conduire les affaires de cette communauté? Comment pouvons-nous obtenir une plus large communauté morale que celles que nous avons connues jusqu'à présent? Il me semble qu'il y aura toujours un mouvement de pendule entre le rationalisme et le sentimentalisme, autrement dit, entre les principes et les rêves de la pensée morale.

Dans la Russie actuelle, où les règles de justice sont un des besoins les plus importants, il est naturel que les gens se détournent du sentiment pour se tourner vers la justice. Dans un pays comme le mien qui a bénéficié de réalisations en

S tatue de Lénine déboulonnée, *Le Regard d'Ulysse*, film de Théo Angelopoulos, 1995.

rapport avec la présence de la loi pendant deux cents ans, il est peut-être naturel que les philosophes se tournent vers les rêves romantiques de plus grande fraternité humaine.

Le Pr. Yovel demande à Rorty de préciser sa définition de la fraternité comme capacité à regarder l'autre dans les yeux sans avoir honte. Il existe des cultures dans lesquelles regarder dans les yeux un être humain de classe sociale inférieure n'a rien d'embarrassant. Est-il possible d'appréhender la fraternité comme la faculté de se reconnaître dans autrui?

Quand on essaie de justifier ce sentiment de honte en disant «j'ai soudain reconnu qu'il ou elle était un être humain», cela suggèrerait, en référence aux écrits de Kant, qu'il existe une propriété appelée «être un être humain» qu'il est possible de reconnaître quand on est mis en sa présence. J'en doute. Je pense que si Jefferson était incapable de reconnaître que ses esclaves étaient des êtres humains, ce n'est pas parce qu'il a échoué à vivre selon les principes kantiens de la raison humaine, mais parce qu'il était lui-même dans une situation historique qui le rendait aveugle à ces autres personnes.

Je ne trouve pas le terme «rationalité» philosophiquement utile. Quand on me dit : «Vous devriez être rationnel», cela revient à dire : «Vous devriez penser comme moi». Je ne pense pas que cette chose appelée raison humaine existe quelque part à la façon d'une cour d'appel rendant son jugement sur les points qui nous opposent. Je pense que ce qu'il y a entre nous, et qui nous sépare, est la capacité de l'un à imaginer une utopie d'une manière que l'autre est incapable d'envisager.

La différence entre ce que j'appelle la tradition Hume-Baier et la tradition Kant-Rawls est la différence entre penser le facteur fondamental et décisif du progrès social comme la présence ou l'absence de rationalité, et la présence ou l'absence d'imagination. La raison pour laquelle je pense qu'il y a peu de travail philosophique à faire sur la notion de reconnaissance de l'autre est que je ne crois pas que l'imagination soit un sujet sur lequel les philosophes aient jamais trouvé grand-chose à dire.

Richard Rorty

De «Qui suis-je?» à «Qui sommes-nous?»

En cette fin de siècle décrite par Marcel Gauchet, les sciences nouvelles reconquièrent le «je», aux dépens d'un «nous» de plus en plus insaisissable. De nombreux signes viennent confirmer cet évanouissement du social. Souleymane Bachir Diagne nous incite à découvrir l'autre à l'intérieur du moi pour (re)trouver un horizon mondial d'humanité.

Nous sommes en train d'assister, depuis une ou deux décennies, à un glissement de première importance : le renversement du rapport entre le collectif et le subjectif, entre le social et l'individuel, entre l'être ensemble et l'être soi tels qu'ils ont été pensés par les savoirs dominants du XXᵉ siècle.

L'inconscient, maître concept du XXᵉ siècle

Il est une racine commune à cette grande nouveauté du XXᵉ siècle qu'auront constitué d'un côté les sciences sociales (Durkheim), de l'autre côté les sciences du psychisme profond (Freud). Autour de 1900, société et psyché deviennent simultanément objets de science en fonction d'un même maître concept, le concept d'inconscient (soit personnel, soit collectif). Sociologie et psychanalyse supposent en commun qu'un nouveau domaine s'ouvre à la connaissance au-delà de la conscience individuelle. Transcendance des faits sociaux par rapport à la conscience individuelle et séparation des formations de l'inconscient par rapport à la possession personnelle manifestent ce même et double écart ou décentrement de l'homme par rapport à lui-même.
Si la racine théorique est la même, les conséquences théoriques et pratiques qui en découlent sont très différentes et même de signe opposé.

Un moi mystère

Sur le plan de l'individuel, de par la révélation de l'existence d'un inconscient, la dépossession subjective est structurelle. Sans doute, les formations de l'inconscient sont-elles susceptibles d'une

Lucien Lévy-Dhurmer, *Le Silence*, 1895.

élucidation. Mais si l'on parvient à éclaircir les expressions de l'inconscient, celui-ci pour autant est impossible à résorber, et reste un mystère constitutif et définitif. C'est une relation d'inconnu qui a dominé l'identité du je au XXᵉ siècle. Nous sortons d'un siècle où le je s'est découvert affecté d'une irréductible opacité faisant de chacun une énigme vertigineuse pour lui-même, où les personnes auront vécu dans le sentiment douloureux de s'ignorer elles-mêmes...

Il faudrait là en suivre toutes les expressions dans la littérature et dans les arts. Comme le dit Valéry, «C'est ce que je porte d'inconnu à moi-même qui me fait moi.»

Un nous maîtrisé

Côté collectif, côté social, sur la base du même principe générateur, rien de pareil, et même le contraire.

La construction scientifique de l'objet société s'effectue sous le signe d'un remarquable optimisme quant aux possibilités d'action sur cette société nouvellement comprise. Jamais sans doute dans l'histoire n'aura-t-on eu autant confiance dans le projet d'une maîtrise rationnelle du collectif, d'une organisation scientifique de la transformation sociale.

Cette foi est ce qui réunit des produits de l'époque par ailleurs aussi différents que la sociologie académique et le parti révolutionnaire d'avant-garde de type léniniste. Sciences sociales et socialisme partagent la certitude que l'heure d'une saisie et d'un gouvernement scientifiques du social est venue même s'ils peuvent complètement diverger sur leurs voies et moyens. C'est dans la même ligne qu'il faut inscrire encore l'Etat social de notre après-guerre, l'Etat-protecteur, organisateur et redistributeur.

Naissance du nouvel individu

Ce partage entre un moi opaque et un nous maîtrisé est en train de se rompre sous nos yeux, et même, semble-t-il, de se retourner terme pour terme. Le maître concept, pour l'identifier par symétrie, autour duquel tourne ce renversement, paraît bien être celui d'individu. Certes, l'individualisme n'est pas un phénomène nouveau, il vient de très loin dans la modernité, mais il est en train de prendre un caractère inédit. Le nouvel individu d'aujourd'hui, tel qu'il se vit et tel que nous tendons à le penser, paraît ne plus nourrir les mêmes incertitudes vis-à-vis de lui-même. Sûrement serait-il naïf de le décrire comme délivré de toute obscurité ou contradiction, comme s'il y avait pure et simple réconciliation avec soi. Reste que les figures du conflit subjectif avec l'inconnu de soi-même paraissent s'estomper. Le déclin de la psychanalyse en fournit un repère de profonde signification intellectuelle et sociale.

Autre trait frappant de la réorganisation des savoirs de l'homme aujourd'hui, l'avènement d'une nouvelle science de l'esprit : celle des processus de cognition, fille du monde technique de l'ordinateur. Le modèle informatique suscite, par contraste ou par homologie, une nouvelle compréhension de l'esprit humain, qui nous promet de percer bientôt le secret de la conscience et des ressorts qui nous permettent de nous poser comme des «je».

Evanouissement du social

Parallèlement, en revanche, l'être-ensemble que composent ces nouveaux individus nous devient insaisissable théoriquement aussi bien que pratiquement. Chacun des traits suivants est bien connu, mais il faut les mettre ensemble pour mesurer l'ampleur de ce que l'on peut véritablement appeler un évanouissement du social : effondrement de l'espérance socialiste, à la fois sur le plan des valeurs, de l'imaginaire, mais aussi sur un plan purement intellectuel comme espérance d'une maîtrise raisonnée du collectif. Crise de l'intelligibilité sociologique, entendons une crise de la possibilité même de décrire et de comprendre des faits sociaux. Nous faisons cette découverte douloureuse, qu'en dépit de la masse sans équivalent d'informations (statistiques, sociographiques...) dont nous disposons, nos sociétés redeviennent opaques. Evoquons aussi très rapidement cet immense sujet qu'est la crise des nations, de ces identités qui donnaient forme à l'individu par l'identification à un individu collectif.

Crise aussi bien des Etats protecteurs et organisateurs dans leur capacité à protéger et à organiser. Mais, plus profondément encore, crise de la capacité d'action de nos sociétés sur elles-mêmes, dont deux manifestations typiques sont les difficultés des systèmes éducatifs et les impasses des systèmes répressifs.

Non seulement, donc, nous n'avons plus de Science, avec un grand S, de l'histoire et de la société, mais nous doutons même communément aujourd'hui qu'une telle science soit possible. Nous sommes peut-être à peine capables de constituer un «nous» dont nous saurions dire ce qu'il est. Nous n'en avons pas fini avec le vertige de la question «Qui sommes-nous?». Son travail de sape ne fait que commencer.

Marcel Gauchet, philosophe,
Ecole des Hautes Etudes
en Sciences sociales
(France)

Pour tenter de comprendre le passage de «Qui suis-je?» à «Qui sommes-nous?», Souleymane Bachir Diagne revient à l'attitude proprement philosophique définie par Descartes, qui permet de retrouver l'idée de l'humanité à partir de la question du sujet.

Est-ce qu'il y a quelque moyen à ma disposition de me demander qui je suis, au centre, dans un retranchement d'où serait absent tout «nous»? A l'inverse, et ici, la situation qui est la mienne, celle de l'intellectuel-africain-qui-aurait-à-parler-des-problèmes-de-l'identité-africaine, vient à l'esprit : suis-je véritablement bien placé pour «enfler» mes appartenances à la dimension de tout le continent africain, donc de retrouver, à partir de ma psyché propre, la société tout entière?

Le «nous» comme masque du «moi»

Je voudrais pour ma part voir dans le passage du «Qui suis-je?» à «Qui sommes-nous?» un véritable effet de déportation et indiquer ce qu'il en est de ce que je considère comme une fausse perception du nous. Comment peut-il y avoir passage d'un «moi» à un «nous» pour fonder un être-ensemble? Est-ce par un simple élargissement de la question «Qui suis-je?» qui serait première, détachée et centrale? Ceci nous mène à une conception erronée d'un «nous» qui est constitutive des différentialismes, où le «nous» n'est qu'un masque qui cache la revendication de sa différence comme caractère premier.

Le différentialisme, pour reprendre une expression d'Edward Saïd, met des «lentilles métaphysiques» pour regarder le monde et le «découper en grandes

B uster Keaton dans *Le Cameraman* d'Edgar Sedgwick, 1928.

divisions générales, en entités qui coexistent dans un état de tension produit par ce que l'on croit être une différence radicale». Le différentialisme, c'est la différence non pas comme un fait, mais comme une construction, avec tout ce qu'elle a d'inauthenticité – dans l'invention de soi comme dans celle de l'autre. C'est dans ce sens que V.Y. Mudimbe parle d'une «invention de l'Afrique». Le discours de l'identité (celui de la négritude, de l'*african personality* ou de l'authenticité, par exemple) n'est ici qu'une réaction à une question elle-même faussée qui ne demande pas, au fond, «Quelle est ton identité?», mais «Quelle est ta différence?»

«Qui suis-je?» comporte en soi «Qui sommes-nous?»

Je voudrais proposer un autre scénario : supposons que je poursuive la question «Qui suis-je?» en lisant *La Destination de l'homme*, une interrogation de Fichte écrite à la première personne. Je me loge en ce «je», en ce lieu préparé par le texte pour des sujets interchangeables, pourvu seulement qu'ils soient «esprits attentifs», comme dit Descartes; attentifs à donner vie au texte pour leur propre compte. Avec Fichte donc, sur le chemin du moi comme première certitude, «Qui suis-je?» me semble comporter naturellement en soi «Qui sommes-nous?». Bien sûr, il y a altérité, mais elle fait fond sur un horizon d'identité. Parce qu'il y a cet horizon d'humanité, dit Husserl, parce que «l'humanité se connaît d'abord comme communauté de langage immédiate et médiate», j'ai conscience de «mes autres» comme ceux avec lesquels je peux entrer dans une connexion actuelle ou potentielle, dans une compréhension réciproque entre soi et les autres.

On a souvent répété que la mondialisation de flux de toute nature qui portent, dans le monde entier, des signes, des marchandises, des idées, de l'information, comporte le grand danger d'une civilisation unique et planétaire. Je n'y vois pas un danger, pour autant qu'il s'agisse de voir reconnue partout l'exigence des droits de l'homme et d'apprendre la citoyenneté mondiale. Il me semble qu'est réel le danger d'un discours, en apparence multiple, mais qui serait tenu par un seul et même ventriloque. Il faut d'autant plus éviter tout enfermement culturaliste, tout intégrisme de la contre-identification, et mettre au contraire l'identité dans une inspiration tournée vers l'avenir et qui sait garder ouverte, toujours, la question «Qui suis-je?».

Souleymane Bachir Diagne,
philosophe,
université Cheikh-Anta-Diop
(Sénégal)

José Manuel
Briceño Guerrero

Pilar Echeverría

Bronislovas
Genzelis

Egon Gál

Geneviève Fraisse

Dorothy Blake

Andréi Zoubov

Luiz Felipe Pondé

Antoine Maurice

Alain Finkielkraut

Gianni Vattimo

Yoro K. Fall

Yirmiyahu Yovel

Axel Honneth

Les stratégies de l'identité

Le philosophe retrouve l'idée de l'humanité à partir du moi pensant. Pourtant, chemin faisant, il éprouve la présence de l'altérité. Tantôt l'identité commune l'emporte, tantôt les différences. Selon le moment historique, la question «Qui sommes-nous ?» transcende, ou ne transcende pas, le «nous sommes» qui permet à chaque nation, chaque groupe, chaque minorité de se définir par l'exclusion. Ainsi les revendications identitaires, de leur forme pacifique à leur forme extrême, naissent-elles des pratiques de domination qui sont à l'œuvre sous le couvert des idéologies universalistes, et qui consacrent les inégalités de puissance.

La philosophie des droits universels reste cependant seule en mesure de garantir le respect de chaque groupe, peuple, nation, dans son identité historique. Car si elle ne permet pas d'écarter toute possibilité de conflit – c'est ainsi que nous sommes – elle ôte toute légitimité politique à ses conséquences ultimes, et en premier lieu à la violence. De même constitue-t-elle d'abord une éducation et une invitation à admettre la coexistence des différences. Elle établit l'homme dans cette forme de conscience qui l'aide à ne jamais confondre égalité et similitude, diversité et inégalité, réalisation de soi et rejet d'autrui. Elle peut fonder, à l'intérieur, une citoyenneté nouvelle, à l'extérieur, le projet d'un fédéralisme sans hiérarchie. Pour mesurer toute la profondeur de cette quête d'identité, peut-être doit-on revenir à une question philosophique aussi bien qu'anthropologique – la question de l'insatiable désir de sens que les êtres finis que nous sommes éprouvent au cours de leur existence.

Une vaine aspiration à la différence

En Amérique latine – mais aussi ailleurs – s'entremêlent le discours de la raison, le «discours sauvage» et un discours sous-jacent, celui du droit du plus fort. Briceño Guerrero craint qu'il ne devienne la norme. Pilar Echeverría tente cependant de réhabiliter le discours des droits de l'homme qui ne se réduit pas, selon elle, à masquer le mensonge et la violence de la culture dominante.

Enfants du Vénézuela.

Qui sommes-nous donc, nous, les Latino-Américains? Le fruit d'un brassage de peuples défaits : Indiens vaincus, Africains vaincus, colonisateurs ibériques à leur tour vaincus et humiliés au XIXe siècle. Nous avons hérité de ces défaites, échecs et catastrophes, et les régimes nés de l'indépendance se sont avérés incapables d'enrayer la misère, l'injustice, la maladie et l'ignorance.

Le discours des Lumières

Le XVIIIe siècle a été marqué en Occident par la civilisation des Lumières qui exaltait ce que l'homme a d'universel : la raison commune à tous, par-delà les différences historiques, culturelles, raciales ou sociales. Ainsi naquit le discours des droits de l'homme : quelles que soient nos origines, notre condition d'être humain nous confère des droits inaliénables.

Ce message nous libérait, nous les Latino-Américains, d'un passé humiliant en nous ouvrant l'accès à «la raison seconde», c'est-à-dire, au-delà de la simple faculté rationnelle présente chez tout homme, à la forme prise en Occident par la raison, qui consistait à prendre conscience de soi et à engendrer la science et la technologie. Nous pouvions donc fonder notre identité sur un présent tendu vers le progrès, l'ordre, la prospérité et la santé, dans la liberté, l'égalité et la fraternité. Ce discours, qui s'est imposé en Amérique latine depuis l'indépendance, a fini par régir les programmes d'action des partis, des gouvernements (y compris les dictatures) et des mouvements de résistance armée.

Le discours du plus fort

Ce discours est illusoire. En fait, les peuples les plus avancés, apôtres de ces droits prétendument universels, ont opprimé leurs «jeunes frères» en usant de pratiques qui font écho à un autre discours sous-jacent : le droit du peuple le plus fort à dominer le plus faible et à l'obliger à servir ses intérêts.

Cette duplicité se perpétue dans nos pays : par-delà le discours officiel, celui des Lumières, renforcé par le discours chrétien de l'amour du prochain, les classes dirigeantes ont conservé le discours des colonisateurs, qui traduit leur soif de domination et de privilèges.

De toute façon, le discours des Lumières ne saurait apporter une réponse satisfaisante à la quête d'identité, dissoute dans le concept abstrait d'humanité. C'est également dans ce sens que s'opèrent les tendances actuelles de l'économie, qui contribuent à uniformiser nos façons de vivre, au nom de la consommation et d'une vue réductrice de la condition humaine ramenée à un hédonisme superficiel.

Le «discours sauvage»

A cette forme d'oppression s'oppose une attitude de rejet : le «discours sauvage». Il est rarement verbalisé et s'exprime avant tout par un ensemble de réflexes, sentiments et attitudes. Ses manifestations sont forcément destructrices : elles expriment une volonté quasi suicidaire de saboter le processus d'uniformisation et prennent la forme d'une résistance sournoise sous couvert d'acceptation hypocrite.

Paradoxalement, ce discours émane des éléments les plus nobles de la population métissée latino-américaine, qui a développé une sensibilité nouvelle et s'imprègne d'une puissante aspiration créatrice. Mais pour pouvoir façonner une nouvelle culture, il lui faudrait un temps et un espace dont la privent les tendances actuelles à l'uniformité. Le «discours sauvage» est le revers de cette créativité brimée, qui se nourrit aussi de vieux ressentiments et, peut-être, d'obscures pulsions de mort.

Entremêlés

Ces trois discours : celui des Lumières, celui des dominateurs et le discours «sauvage» s'entremêlent et, à cet égard, la situation du reste du monde ne diffère guère de la nôtre. La quête de l'identité suscite partout trois types de réponses qui s'entrecroisent avec une intensité variable : celle qui se reconnaît dans la «raison seconde», le progrès scientifique et technologique, la vision d'un monde heureux sous le signe des droits de l'homme; celle qui repose sur la tradition propre à chaque peuple, qui comporte des éléments incompatibles avec le discours des Lumières; celle qui se nourrit de ressentiments et de rejet, de résistances contre l'ordre établi et de pulsions destructrices.

L'édifice des Lumières et des droits de l'homme est sur le point de s'écrouler car il apparaît de plus en plus inadapté à la conjoncture, à l'évolution démographique et à la vision de l'être humain en tant que consommateur. Dès lors, il est à craindre que le discours jusqu'ici quasi occulte, celui du droit du plus fort à disposer du plus faible, devienne le discours officiel et la norme.

José Manuel Briceño Guerrero,
philosophe, université des Andes
(Vénézuela)

Pilar Echeverría interroge J. M. Briceño Guerrero. Pourquoi affirme-t-il que la répétition est nécessaire à la formation de l'identité? L'identité d'une communauté n'est-elle pas toujours ouverte au devenir, au mélange?

Les expériences réalisées dans les domaines psychologique et psychiatrique ont démontré l'existence d'une certaine compulsion de répétition, que Freud avait appelée *Wiederholungswang*. On a remarqué que si quelqu'un avait une blessure, par exemple au pied droit, qui le faisait souffrir pendant quelque temps, cette personne développera une certaine tendance à se blesser au pied droit, et lorsqu'elle a un accident, c'est presque toujours le pied droit qui est atteint.

Je pense que la compulsion de répétition trouve son origine dans le besoin d'identification. Parce que cela permet de répondre à la question «Qui suis-je?» «Je suis celui qui se fracture toujours le pied droit...» Ce qui est terrible, c'est de penser que tout un peuple, une nation, puisse manifester cette compulsion à la répétition pour construire son identité, définir ses traits distinctifs, en disant par exemple : «Nous sommes ce peuple qui souffre...»

Cependant, il est vrai que l'histoire de l'humanité est bâtie sur la rencontre, l'union et le mélange de peuples complètement différents. Ce métissage donne naissance à de nouvelles formes culturelles. Cependant, l'état actuel du monde fait que les peuples, même s'ils se rencontrent et fusionnent, ne peuvent plus créer de nouvelles formes culturelles parce qu'il existe déjà une culture dominante et dominatrice, qui s'impose par tous les moyens.

J. M. Briceño Guerrero

Pilar Echeverría demande au professeur Briceño Guerrero de définir le terme de «raison seconde» qu'il emploie pour expliquer la pensée latino-américaine.

Je pars du principe que chaque culture possède sa propre rationalité qu'elle développe au cours de l'Histoire. Toutes ces rationalités auraient pour fondement et origine une rationalité commune à tous les hommes et variable dans ses applications en fonction des différentes formes de vie adoptées.

Le monde occidental, depuis l'époque des Grecs, a produit la «raison seconde», qui n'est autre que la raison telle qu'elle se manifeste à travers le monde sous différentes formes, mais une raison devenue consciente, élevée au niveau verbal et conceptuel, et capable d'être communiquée. La «raison seconde», fondement de toutes les formes de rationalité, serait donc à l'origine du développement scientifique et technologique, et constituerait la base profonde de la pensée occidentale. Cependant, la «raison seconde» reste étroitement liée à la raison première et aux intérêts du monde occidental, de sorte que les autres peuples n'auraient accès à la raison universelle qu'en adoptant la raison occidentale.

J. M. Briceño Guerrero

Pilar Echeverría fait observer que le discours des droits de l'homme émane d'une double source : l'une, chrétienne, et l'autre, rationnelle. Ce discours n'a éprouvé aucune difficulté à s'allier au discours rationnel des Lumières qui, de son côté, prône les droits universels, fondés sur la raison naturelle et universelle de l'homme. L'un comme l'autre sont donc basés sur une conception rationnelle de la condition humaine. Or, si l'égalité de la condition humaine est un préjugé rationnel, s'agit-il de la repousser avec la volonté de puissance de l'Occident?

Cette idée d'égalité de la condition humaine n'est-elle pas une thèse purement géométrique soutenue par la vocation unificatrice de la raison mais qui, en même temps, ignorerait le caractère exubérant, multiple et hétérogène d'un vivant qui est mouvant, qui est en constante transmutation?

Si tel est le cas, la définition d'égalité et, par extension, la Déclaration universelle des Droits de l'Homme auraient été adoptées et imposées en tant que vérité par une volonté de puissance qui, par essence, ne recherche ni la vérité ni le bien, mais plutôt l'élargissement de son propre pouvoir.

Tout cela est possible, en effet, mais nous pourrions, d'un tout autre point de vue, affirmer que la conception rationnelle d'unité et d'égalité de la condition humaine n'est pas un simple instrument de domination, mais plutôt une concordance parfaite entre les structures cristallines de la raison humaine et la rationalité inhérente au réel. Dans cette hypothèse, il s'agirait alors d'étendre cette compréhension à l'ensemble de l'humanité afin que la conscience – obscurcie pendant des siècles par des préjugés irrationnels – puisse enfin refléter le réel. Considéré sous cet angle, il serait donc parfaitement possible d'espérer l'avènement d'une société juste, équitable, basée sur un véritable principe d'égalité et de fraternité humaine.

Ce sont deux visions opposées de la question. Je ne peux prendre parti ni pour l'une, ni pour l'autre, mais me contenter de constater le véritable pouvoir du discours rationnel, renforcé par le discours chrétien, répandu par l'Occident aux quatre coins de la planète.

Mais il me semble impensable, dans l'état actuel des choses, de ne pas préférer vivre dans un monde où prédomine – ne serait-ce que de manière théorique – le respect des droits universels. Car il existe toujours, en cas de violation de ces principes, la possibilité de faire valoir ces droits comme arme juridique. De plus, on aurait du mal à imaginer, en ce moment – et nous ne le souhaitons pas – que pourraient s'imposer de nouveaux discours qui proclameraient ouvertement la non-défense des droits de l'homme.

Déclaration des Droits de l'homme et du citoyen, 26 août 1789.

Je pense que c'est là le grand héritage que l'Occident a transmis à l'humanité, malgré l'existence – ouverte ou sous-jacente – de positions contraires à ces principes. Seulement, l'Occident, au cours de son expansion, a été contaminé, défiguré, transmué au contact des diverses cultures qu'il a rencontrées dans les régions périphériques et soumises à son influence en les attirant irrésistiblement vers son centre. De telle manière que l'existence de positions hétérogènes selon lesquelles on interprète la réalité et dessine les programmes d'action – celles que le professeur Briceño Guerrero a décrites comme les conséquences d'un métissage varié et fécond en Amérique latine – n'est pas un trait caractéristique des sociétés de cette région, mais une réalité étendue à l'échelle mondiale.

Pilar Echeverría, philosophe, université des Andes (Vénézuela)

Cosmopolitisme ou monopole culturel?

Le rapport entre culture nationale et culture dominante a changé au cours des dernières décennies. Selon Bronislovas Genzelis, il faut se libérer du modèle d'un prétendu «homo cosmopolites» qui détruit les identités culturelles. Egon Gál craint que ce point de vue ne dicte en définitive d'exclure les autres, perçus comme une menace, et ne favorise l'émergence de petits totalitarismes.

U n «restaurant» MacDonald à Moscou.

Un individu essaie toujours de s'identifier en fonction d'une appartenance religieuse, d'une nation, d'un groupe politique, etc. Est-il possible qu'une personne ne soit rien, en d'autres termes, qu'elle soit dépourvue de nationalité, de culture, d'idées et de convictions?

Considérons le problème rétrospectivement. Les valeurs ethniques, morales et culturelles sont perçues différemment selon les situations historiques. Les réponses aux questions sont différentes selon que l'on est citoyen d'une nation parlant sa langue propre et sensible à sa propre culture ou que l'on s'identifie à une communauté plus large et que la nationalité perd de sa signification.

S'identifier à une croyance religieuse

Au Moyen Age, les gens s'identifiaient généralement à une croyance religieuse, ce qui déterminait aussi leur orientation culturelle (chrétienne, judaïque, musulmane, bouddhiste, etc.). Les catholiques écrivaient en latin, les orthodoxes en grec, les musulmans en arabe, et ces personnes se confondaient avec l'élite des nations dont ils utilisaient le langage. Ainsi les cultures élitiste et populaire se développaient : les valeurs supra-confessionnelles que propageait l'élite influençaient la culture populaire sans pour autant essayer de miner ses fondations. Dans les pays catholiques, par exemple, les œuvres religieuses et philosophiques n'étaient pas les seules écrites en latin; l'étaient aussi les œuvres littéraires. Le latin n'était pas encore devenu le moyen de destruction des facteurs de nationalité. Dans ces pays où elle avait été capable de protéger ses aspects ethniques, la culture de masse cohabitait avec l'élitisme culturel.

La Réforme a encouragé l'apparition de la littérature nationale. La traduction de la Bible dans les différentes langues nationales a marqué la naissance du langage écrit. Le latin perdit de son attrait. Les Etats-nations commencèrent à se matérialiser. Le nationalisme devint une valeur centrale et constitua un lien entre les peuples, lié à la croyance religieuse et au langage. Il mit au même niveau tous les groupes de la société. Et la question : «Qui sommes-nous?» était pour tous d'une légitime évidence.

Etats-nations et modèle européen

La seconde moitié du XXᵉ siècle fut témoin de changements. Nous arrivons ici à un paradigme intéressant : presque toutes les nations européennes, concentrées sur leurs territoires, ont créé leurs propres Etats (la différenciation politique a ainsi été achevée); toutefois, la nouvelle vague d'intégration culturelle a démarré. Paradoxalement, les nations qui eurent à souffrir de l'oppression du colonialisme résistèrent à l'invasion de la culture métropolitaine, c'est à partir de la création d'un Etat indépendant que la situation changea.

De nos jours, les nations africaines et asiatiques vivent sur le modèle européen. Il existe une idée largement partagée selon laquelle ceux qui ne l'acceptent pas ne sont pas civilisés. Nous sommes ainsi confrontés à la question de savoir si les nations en cours d'européanisation ne sont pas en train de perdre leur identité, question que l'on peut appliquer aux nations européennes elles-mêmes.

Des processus intéressants et similaires peuvent être observés dans le monde moderne : les nations qui acquièrent l'indépendance politique perdent leur indépendance économique et se trouvent ainsi dépossédées de leur identité. Que reste-t-il pour les cultures nationales? Quel est le sens d'une culture globale? Les nations métropolitaines ont pris l'habitude d'imposer leur mode de vie aux nations qui sont sous leur influence politique et ce sont maintenant ces mêmes nations qui prennent possession des cultures antérieures ou de l'émergence de nouvelles formes culturelles (par exemple, les États-Unis).

Le cas lituanien

Au cours de l'histoire, la Lituanie a maintenu des liens culturels forts avec l'Allemagne et la Pologne, sans que ni l'une ni l'autre ne puisse absorber notre culture, ceci bien que les artistes lituaniens maintiennent des relations très constructives avec ces deux pays. Et pourtant, même avec ces pays, la langue choisie pour communiquer est l'anglais.

Ce n'est pas un problème particulier à la Lituanie, mais qui touche quelquefois la culture traditionnelle des petites nations européennes que le poids de la culture américaine écrase. En termes de publicité, de ressources, d'affaires, etc., les télévisions, les studios de cinéma et les sociétés d'édition de ces nations ne peuvent rivaliser avec ceux des plus puissantes.

L'anglais est en train d'évincer les langues nationales. Si, par exemple, quelqu'un écrit en lituanien, son travail ne sera pas lu au-delà des frontières du pays. De la même manière, quelqu'un qui écrirait en anglais aurait plus de chances d'être lu en Lituanie. Ainsi, le nouveau monopole et la nouvelle périphérie culturels prennent forme. Ils imposent des choix esthétiques, des idées philosophiques et un mode de vie qui, tour à tour, commencent à menacer l'existence culturelle des nations plus petites qui se retrouvent à la périphérie.

La destruction des cultures nationales s'accomplit sur tous les fronts possibles. La conception des produits manufacturés (beaux et pratiques) étend son emprise esthétique sur le monde entier. Cela ne signifie-t-il pas que différents monopoles imposent leurs choix au reste du monde civilisé?

De fait, la société contemporaine produit des «homo cosmopolites». Cela ne constitue-t-il pas une perte d'identité? N'allons-nous pas, dans le futur, faire face au problème de la libération de l'«homo cosmopolites»? Et quelles en seront les conséquences? Les valeurs antérieures (ethniques, religieuses, civiles, conception du monde) ont été dépréciées alors même que les nouvelles n'ont pas été totalement assimilées. Cela signifie-t-il que l'existence de l'homme est fondée sur le seul matérialisme? Faut-il croire en l'existence d'un individu s'en remettant uniquement aux vertus de l'universalisme? Je ne le crois pas.

Bronislovas Genzelis, philosophe (Lituanie)

Le retour des tribus

D'après Egon Gál, les pays libérés du communisme réagissent en constituant des petits totalitarismes, de peur de perdre leurs identités communautaires. Il est dangereux, selon lui, d'opposer radicalement les identités culturelles au cosmopolitisme.

Après les changements intervenus en 1989, quelques-uns d'entre nous, dans le Centre-Est de l'Europe, crurent que le temps était enfin venu d'un retour à un projet européen inspiré par les penseurs chrétiens et ceux du siècle des Lumières, l'Europe multiculturelle, la tolérance et la démocratie libérale. Nous pensions qu'il n'y a pas de races supérieures ou inférieures, pas de cultures dominantes ou dominées, mais seulement des traditions diverses, des manières différentes d'organiser la vie sociale, chacune d'égale valeur et méritant d'être préservée. Nous pensions, en outre, que la justice distributive ou qu'un système de règles apparenté, interdisant la monopolisation de la justice, serait un bon dispositif pour la stabilité et la cohérence d'une communauté.

Au lieu de cela, on nous dit que non seulement la justice n'est pas politiquement réalisable, mais qu'il n'existe pas de relation entre la justice et la stabilité. Ce que nous avons vu se développer après la disparition du totalitarisme communiste n'est pas le multiculturalisme et la tolérance, mais la résurgence d'un certain nombre de petits Etats totalitaires avec des tensions ethniques et religieuses aussi bien à l'intérieur des Etats que dans les relations entre Etats.

Ce qui m'inquiète en ce qui concerne les questions soulevées par le Pr. Genzelis est que, pour partie, la réponse exclut ceux qui, en Lituanie par exemple, ne sont pas Lituaniens, ni catholiques, ni sociaux-démocrates et peuvent, de ce fait, constituer un danger pour les premiers en les privant de leur propre identité. La frontière entre ce *nous* qui définit l'appartenance à une même communauté bien déterminée et ce *ils* qui n'en font pas partie est, de mon point de vue, tout aussi dangereuse et souvent identique à la frontière entre ceux qui ont le droit de survivre et ceux à qui ce droit est refusé. C'est à cette frontière que, la plupart du temps, la communication est remplacée par l'imagination. Les idées et les symboles d'unification n'existent que dans la

R oumanie, manifestation populaire après
la chute de Ceaucescu, décembre 1989.

représentation de l'idée universelle
rapprochant les religieux des laïques, les
cosmopolites des nationalistes, que le
vide laissé derrière les symboles de
divers projets idéologiques. Mais ce vide
ne semble pas posséder une force
suffisante pour créer un lien entre des
personnes aux identités distinctes à
l'intérieur d'une communauté
coopérative. Pourquoi, alors, la nation
fait-elle figure de meilleur prétendant à
remplir ce vide?

Egon Gál, philosophe,
Académie slovaque des Sciences
(Slovaquie)

*En réaction au propos de Genzelis sur la
culture américaine, Rorty fait une mise en
garde qualifiée par lui-même avec
humour de «patriotique».*

mesure où les gens croient à leur
existence. Croire en une chose
commune, en une idée qui nous unit,
signifie être membre d'une communauté
partageant la même foi. Mais quelle est
cette chose en laquelle nous croyons
tous? Que ce soit la religion, la nation ou
l'argent, il y a toujours une justification
aux habitudes de comportement. Les
autres, les cosmopolites ou les exclus,
sont ceux qui représentent un danger
pour nos coutumes ou nos habitudes de
vie. C'est un aspect pathologique de
notre situation intellectuelle et politique
actuelle. «L'autre» imaginaire détermine
notre manière d'agir envers «l'autre»
véritable.

Le vide des idéologies

Après la chute du régime de Ceaucescu
en Roumanie, les habitants de Bucarest
défilèrent dans les rues en agitant des
drapeaux de la nation débarrassés du
symbole communiste. L'enthousiasme
qui les portait reposait sur l'idée de ne
plus avoir à s'occuper d'un quelconque
projet idéologique positif. Il m'est
difficile d'imaginer une meilleure

Pour un Américain, il est difficile
d'entendre désigner comme «culture
américaine» cette culture dont on a
parlé, porteuse de sexe et de violence,
et destinée à la consommation de masse.
Cette culture existe mais il n'est pas
exact de l'assimiler à la culture
américaine. Elle est diffusée par la
télévision américaine et les studios
de cinéma américains, elle est produite
et distribuée par les industries de
communication américaines, mais elle
n'est pas la culture américaine au sens
où l'on peut parler d'une culture
allemande, polonaise ou lituanienne.
Il existe une tradition culturelle
américaine, associée à des figures
comme celles de Jefferson, Whitman,
William James, Martin Luther King.
Elle est tout aussi différente de la culture
de masse faite de violence et de sexe
que ne l'est toute autre culture d'une
autre nation.

Richard Rorty

«Nous», les femmes...

Les femmes sont-elles différentes des hommes, ou y a-t-il un universel humain? L'un et l'autre, répond Geneviève Fraisse qui nous incite à penser conjointement identité et différence. Dorothy Blake rappelle les implications politiques du fait de nous penser comme identités sexuées.

F rance, 1945, les femmes votent pour la première fois.

Egalité, identité, différence

Partons d'une opposition fréquemment formulée dans les recherches féministes, celle d'égalité et de différence. Cette opposition me semble être fausse : nous ne sommes pas égaux ou différents, nous sommes semblables ou différents (car des êtres différents peuvent être égaux, en droit notamment). Il est impossible d'opposer l'égalité à la différence, car l'identité fait face à la différence. Dans la distinction hégélienne entre identité et différence, la seule façon d'introduire le terme d'égalité est de le mettre comme le troisième terme, terme comparant dit-il. L'égalité se met en rapport à l'identité comme à la différence des sexes; il y a trois termes en présence et non deux.

Lorsque les recherches *Gender/Feminist Studies* opposent égalité à différence, c'est parce que ces études mêlent réflexion théorique et volonté politique, dans l'urgence à agir politiquement au sein d'un certain nombre d'espaces, ici et ailleurs, au niveau de l'inégalité des sexes, à défendre les droits des femmes et supprimer des inégalités. Lorsque je récuse cette opposition, ce n'est pas pour refuser le niveau politique, mais pour dire qu'il existe un autre niveau à partir duquel peut être pensé le jeu du politique, qui est l'opposition – ou plutôt la conjonction – ontologique d'identité et de différence. Conjonction, car nous ne sommes pas identiques *ou* différents, mais identiques *et* différents. La question n'est pas dans l'alternative, qui a nourri trop de littérature depuis une ou deux décennies. Il y a du semblable et du différent dans le fait de la différence des sexes, et du politique dans les deux. Cette addition des deux positions mène à une aporie qui n'est pas une impasse, mais une ouverture. Elle n'est pas simple car il n'est pas simple d'être à la fois semblables et différents. Admettre ce qu'il y a d'identique tout en connaissant les différences est le seul moyen d'arriver à une véritable égalité des sexes.

Semblables par la raison, différent(e)s par le corps

Hommes et femmes sont semblables par l'identité de la raison. C'est cette identité virtuelle qui permet une identité de citoyenneté. (Et encore, on pourrait demander si la raison des hommes et des femmes est absolument identique...) Mais toute femme n'est pas encore aujourd'hui, dans tous les pays du monde, une citoyenne à part entière.

En revanche, nous sommes différents par les corps. Or qui dit disparité des corps dit que tout ce qui touche, dans la question du politique, au corps des femmes, ne relève pas de l'égalité des sexes mais de la liberté des femmes. Je propose donc de distinguer égalité et liberté. Quand les Chinoises sont empêchées dans leur maternité, ou quand les Algériennes sont empêchées dans leur vie publique, c'est une question de liberté physique avant d'être un problème d'égalité ou de citoyenneté.

Admettre des différences, est-ce nier l'universel?

Reste à savoir comment s'articulent liberté et égalité, et comment la liberté des femmes est aussi ce qui permet de penser l'égalité des sexes. L'égalité est toujours un rapport, ici le rapport entre les hommes et les femmes; la liberté des femmes est avant tout une définition des femmes en tant que telles. Comme l'aporie réfute l'opposition identité/différence comme une alternative, le fait de reconnaître des différences entre hommes et femmes ne signifie pas dénoncer l'idée de l'universel. En utilisant l'aporie identité/différence comme adjonction, je reprends l'expression du dualisme traditionnel de la philosophie occidentale entre l'identité de raison et la différence des corps. Je me déplace donc par rapport à une autre opposition théorique, celle entre naturel/biologique et culturel/social – opposition qui a nourri la pensée anglo-saxonne : *gender* (différence des sexes en termes culturels) et *sexual difference* (différence entre mâle et femelle). Mais en privilégiant le social comme seul vecteur théorique susceptible de penser l'histoire des sexes, le naturel reste impensé. Ainsi quand les femmes se battent contre le fait qu'on les renvoie à la nature, elles ne se rendent pas compte qu'elles dupliquent la structure d'une fausse opposition où s'est fabriquée la modernité.

Nous pouvons admettre une identité différente des femmes relevant de la différence des corps sans nous enfermer dans un «repli identitaire» face à un universel ouvert. Les femmes traversent le tout social, et elles traversent tous ces espaces avec les hommes. Admettre que l'histoire est sexuée, rappeler par exemple que le suffrage «universel» de 1848 resta inaccessible aux femmes jusqu'en 1945, ceci n'est pas une négation de l'universel mais une tentative de ne pas le faire mentir. Ceci est de l'ordre du déploiement de l'universel, du jeu entre le particulier et le général. La différence des sexes n'est pas ce qui manque dans l'universel mais ce qui marque l'universel, un universel dont elle est bien une catégorie.

Geneviève Fraisse,
philosophe et historienne,
CNRS (France)

*Dorothy Blake souligne l'importance
de prendre en compte les expériences
politiques actuelles et expose les difficultés
pratiques que l'on rencontre en voulant
concilier différences et égalité.*

«Déconstruire» la/les différence(s) sexuelle(s)

Le problème qui, à mon sens, n'a pas été
assez abordé, est celui de savoir
comment *déconstruire* la «différence»
(terme au demeurant composite) en
quelques-unes de ses nombreuses
définitions. Certains s'intéressent à
l'évidente différence biologique, admise
par tous, mais il me semble important de
se demander comment ces différences
sont engendrées, et ce qui est lié au
«masculin-féminin», aussi bien qu'à ce
que nous imaginons comme étant mâle-
femelle.

   Ces concepts sont spécifiques à une
communauté humaine donnée ainsi qu'à
ses composants culturels, sociaux,
religieux, politiques, et peuvent être très
différents de ceux d'une communauté

La conférence de Pékin, septembre 1995.

voisine. Ce ne sont pas des catégories
universelles, c'est là tout le problème,
parce qu'ils sont la source de la
conception politique des inégalités et des
égalités – par oppositon à l'égalité en
tant que valeur abstraite fondée sur la
raison. Le couple «égalité-raison» peut
être uni ou opposé à la notion de
«liberté». S'il est opposé à la liberté, il est
incompatible avec la liberté pour les
femmes d'être en sécurité physique,
d'être à l'abri du viol, de la violence, de
la guerre; il est contraire à la liberté
sexuelle, etc. Nous nous référons
désormais aux libertés, au pluriel, aux
libertés civiles et non au terme abstrait
de «liberté» au sens général.

Stratégies d'autodétermination

Il est important que nous discutions de
choix et de droits. De quelle manière la
liberté s'inscrit-elle dans une relation à la
force et au pouvoir? Peut-on imaginer
les libertés sans le pouvoir? A quel

niveau s'exerce le pouvoir des femmes? Comment pouvons-nous nous donner ce pouvoir? Ce sont les points les plus importants que nous ayons abordés durant la conférence de Beijing dont les conclusions furent autres : mobilisation massive autour de programmes communs, création de réseaux à l'échelle mondiale, accès gratuit pour les femmes au «Worldwide Web» et création de nouveaux liens. Cette idée a même été reprise littéralement dans un spectacle symbolique de pouvoir et d'unité pour lequel des millions de femmes dans le monde tissèrent un immense ouvrage qui fut déployé presque d'un bout à l'autre de la muraille de Chine. Une des plus grandes sources de pouvoir s'est révélé être la possibilité pour les femmes de choisir leurs cycles et droits de reproduction, quand et avec qui avoir des enfants. La reproduction et la sexualité sont les véritables niveaux du pouvoir. C'est dans ce domaine que le pouvoir des femmes a été le plus radicalement combattu par l'Islam, l'Eglise catholique et d'autres forces. Si un jour le monde se libérait des liens de la reproduction et de la sexualité, cela représenterait un saut quantique non seulement pour les femmes mais pour l'humanité entière.

Créer une nouvelle vision

Le pouvoir et le rapport de forces sont peut-être une réelle aporie? C'est le point zéro, l'impasse. La cooptation est un élément essentiel du pouvoir, parce que la liberté de la femme sera aussi une conséquence de la libération de l'homme. Si nous disons «nous les femmes», ce n'est en aucune façon un repli identitaire, et cela ne veut dire non plus qu'il y a un «nous» parfaitement identifié. Cela vise à démonter un discours patriarcal qui consiste à dire «vous les femmes», et à analyser, avec Foucault, la généalogie de ce «nous»; en d'autres termes, à dégager le champ d'une nouvelle vision et à s'interroger sur sa nature.

Il existe un programme d'action qui ne s'intéresse pas tant aux différences qu'à ce que nous avons l'intention de faire pour combattre la pauvreté des femmes, leur manque de pouvoir de décision, à propos des problèmes de santé, de droits de reproduction, de leur image dans les médias et de la dichotomie sujet-objet. Seuls ce dialogue et ces actes, un pouvoir *de facto* et un dialogue en accord avec ces lignes, permettent d'entamer la construction de projets communs pour l'humanité, pour chacun des sexes et d'atteindre la conjonction à laquelle Geneviève Fraisse a abouti dans son discours philosophique.

Dorothy Blake, médecin (Jamaïque)

Ces remarques amènent Geneviève Fraisse à expliciter sa pensée, notamment à souligner les implications très politiques d'une réflexion épistémologique ou ontologique sur la question des femmes.

La distinction égalité-liberté a aussi, pour moi, une autre conséquence : vous savez que dans tous les domaines où nous parlons d'égalité, il est très facile d'affirmer l'égalité et de lui tordre le cou, de ne donner l'égalité qu'en principe et de la faire mentir. Toute l'histoire de la démocratie est faite de cela. Avec ce qui relève du domaine de la liberté du corps, tel que le contrôle de la reproduction revendiqué par les femmes, ceci n'est pas possible. Je crois que l'on ne peut pas aisément faire mentir la demande de liberté.

Geneviève Fraisse

La menace des sectes totalitaires

Tout homme est à la recherche du sens profond de son être. En Europe et en Russie, le christianisme a longtemps offert une voie spirituelle pour cette quête de soi. Aujourd'hui, les sectes ou mouvements religieux apparaissent comme de nouvelles tentatives de répondre à la question «Qui sommes-nous?» Mais les dérives possibles sont multiples et éveillent la vigilance du juriste et du philosophe.

Dans les milieux scientifiques, on préfère aujourd'hui utiliser un terme neutre : l'on ne parle pas de «sectes», encore moins de «sectes totalitaires» mais de «nouveaux mouvements religieux». Que sont-ils donc? Il se trouve qu'aux époques où une grande tradition religieuse se meurt, ou quand elle cesse de dominer l'esprit de la majorité, on voit surgir une multitude de mouvements religieux.

Il est difficile de juger les nouveaux mouvements religieux comme de simples phénomènes intervenant dans la vie contemporaine; il est évident que de nombreux éléments doivent éveiller notre vigilance.

Aujourd'hui, le monde connaît le même état d'effervescence qu'il y a deux mille ans. Quoi qu'en pensent les consciences chrétiennes, on peut qualifier la société contemporaine en Europe et en Russie de post-chrétienne. La majorité des gens ne pratiquent plus leur religion activement. Or cette place vide se trouve de plus en plus souvent

Mariages collectifs de la secte Moon, 1982.

occupée par de nouveaux mouvements religieux. Ainsi, pendant tout le XIXe et le XXe siècle, nous avons vu apparaître la théosophie, l'anthroposophie, les cultes orientaux, le bahaïsme, l'Eglise de Moon… Or notre civilisation est imbue de l'idée de progrès et pense que le nouveau vaut mieux que l'ancien. Les religions nouvelles en profitent et, parce qu'elles sont plus récentes, se prétendent meilleures.

Nous savons également que les nouveaux mouvements religieux servent très souvent de paravent à la criminalité organisée, dont ils sont en quelque sorte la forme légale. Enfin, il est assez fréquent que ces mouvements aient à leur tête des esprits perturbés, de véritables malades mentaux. En exploitant les penchants maladifs d'autrui, ils lancent des mouvements qui peuvent littéralement mener à la tragédie.

Nous constatons donc que les nouveaux mouvements religieux créent toutes sortes de problèmes et il est extrêmement important de déterminer comment le principe absolu de la liberté de conscience, qui est un droit plus important que le droit à la nourriture et au travail, peut coexister avec les restrictions nécessaires comparables, par exemple, à celles que tous les Etats imposent au commerce de la drogue. On ne peut accorder aux gens la liberté de se rendre malades, de succomber à la toxicomanie, et l'on ne peut non plus permettre qu'ils se laissent fanatiser par des idées religieuses pathologiques et dangereuses pour la société.

Une approche juridique

Il semblerait qu'il faille étudier de très près l'expérience juridique de nombreux pays du monde pour comprendre dans quelle mesure l'activité des nouveaux mouvements religieux est réglementée. Un certain nombre d'aspects apparaîtront alors. Tout d'abord, une attention particulière doit être accordée aux mouvements religieux les plus récents, à ceux qui sont apparus depuis cinq, dix, quinze ans. C'est pendant ses premières années qu'il faut soumettre les activités d'un mouvement religieux à une surveillance juridique très stricte, en premier lieu ses activités financières et ses modes de financement, pour s'assurer qu'il ne fait pas mauvais usage des dons et empêcher que des structures mafieuses ne se cachent derrière une organisation pseudo-religieuse.

Le deuxième point consiste à imposer aux nouvelles sectes des restrictions en matière d'utilisation des fonds privés et du travail bénévole. On observe en effet très souvent – par exemple en Russie, où à l'heure actuelle de nombreux mouvements religieux voient le jour – que les nouveaux adeptes doivent faire don de tous leurs biens à la secte après quoi, même s'ils la quittent, ils n'ont plus de quoi vivre et privent leurs enfants de tout moyen d'existence. Sans aucun doute, il faut apporter dans ce domaine des restrictions juridiques. Il en va de même en ce qui concerne le travail. Malheureusement, dans de nombreuses sectes, aucune réglementation internationale en matière d'emploi n'est respectée. Il y a là un processus que nous devons surveiller de très près.

Enfin, mais ce n'est pas le plus facile, il faut contrôler la santé psychique des adeptes de la secte. En effet, on utilise dans certaines sectes des narcotiques ou autres psychotropes qui modifient la conscience des adeptes et rendent ensuite plus difficile leur départ. Le droit de chacun à s'en aller, à rompre avec un groupe religieux, est naturellement reconnu dans les grandes religions, mais il est souvent contesté dans les sectes. Là aussi le législateur doit se montrer très attentif. Enfin, on ne peut donner carte blanche pour créer de nouveaux mouvements religieux à des gens qui souffrent de troubles psychiques; de même que dans tous les pays d'Europe, un certificat médical est exigé pour obtenir le permis de port d'arme, de même un certificat de bonne santé mentale devrait être exigible pour créer un nouveau groupe religieux. C'est certes déplaisant, et c'est évidemment une atteinte aux droits de l'individu, mais c'est une atteinte qui en prévient beaucoup d'autres. Nous ne sommes pas sur le terrain du bien absolu mais du moindre mal.

La première tâche est donc juridique. Cependant la seule réponse globale passe par l'éducation.

L'enseignement de l'histoire des religions

Dans le monde contemporain post-chrétien, les gens sont d'une ignorance religieuse étonnante. Ils connaissent mal l'histoire du développement de la vie spirituelle et les voies religieuses que l'humanité a empruntées dans son histoire. Les sciences religieuses, l'histoire des religions, tout le XIXe siècle et une partie du XXe siècle ont été antireligieux. C'étaient des disciplines laïques antireligieuses, hostiles à la religion.

Il faut aujourd'hui que nous travaillions à une autre histoire de la religion, dont les fondements dans la science occidentale ont été lancés par des savants comme Andrew Lang en Angleterre ou Mircea Eliade. Il s'agit d'une histoire des religions ouverte et bienveillante, qui voit dans la religion une dimension très profonde de l'être

humain et non une erreur collective. La mise en place d'un système d'enseignement de l'histoire de la religion dans les établissements scolaires et universitaires permettra aux gens de faire un choix judicieux et, plus rarement, leur donnera la possibilité de se tromper.

Il en va de même en économie : un homme informé dans ce domaine n'accordera pas foi à un escroc qui lui promet, contre la remise de 1 000 dollars, de lui verser 10 000 dollars la semaine suivante. De la sorte, l'éducation religieuse, un système international d'éducation religieuse, devrait être une des tâches de l'UNESCO et je pense qu'il n'y a guère d'autres organisations internationales qui soient capables d'apporter pareille contribution dans le domaine de l'éducation religieuse et spirituelle de type non confessionnel et scientifique, éducation dont l'humanité a tant besoin pour se garder des excès des nouveaux mouvements religieux.

C'est pourquoi ces deux formes d'action – par la législation et par l'éducation – nous permettront de résoudre un problème très difficile sans nous opposer aux aspirations spirituelles de l'humanité. En respectant le droit de chacun à rechercher la vérité, il faut aider l'homme à se protéger des doctrines de mauvais aloi et initiatives douteuses de nature à l'empêcher d'exercer son droit à la liberté de conscience.

Andréi Zoubov, professeur d'histoire des religions, université orthodoxe russe (Russie)

Sectes : des tirent le sign

Luiz Felipe Pondé convient de la difficulté de lutter contre le fanatisme de certains mouvements religieux, d'autant plus que le sentiment d'être persécuté se retourne à leur avantage. Il est sans doute plus efficace, conclut-il, de combattre les sectes sur leur propre terrain, celui des médias.

Il est difficile de s'attaquer au problème des sectes et de défendre une certaine idée de la liberté de conscience autrement que par une approche universelle et historique. Quels moyens légaux avons-nous de les contrer? J'ai eu l'occasion de discuter avec les membres de plusieurs sectes dont certains sont loin du cliché fanatique généralement répandu et tout à fait capables de débattre de leurs idées. Après la fin des années trente, la persécution de certaines sectes par l'Eglise catholique commença et, avec elle, une série d'effets pervers, dont cette dernière se serait bien passée, tels que l'augmentation de l'effectif des sectes et le sentiment de plus en plus fort pour les membres que le danger qu'ils représentaient était proportionnel à leur popularité croissante.

Si, en vous adressant aux membres d'une secte, vous essayez de leur faire comprendre que leur attitude est contraire au respect de la liberté de conscience et que leur état est proche de l'aliénation, ils vous répondront certainement que vous êtes victimes de l'intoxication des médias. Au Brésil, ces gens sont souvent issus d'un milieu très pauvre et même s'ils comprennent l'expression «liberté de conscience» ou le mot «aliénation», ces termes ont si peu de rapports avec leur réalité quotidienne qu'ils en perdent tout sens.

Il faut être vigilant et ne pas réitérer l'erreur de l'Eglise catholique. Plus nous traiterons les membres des sectes en fanatiques, plus nous leur dirons que leurs guides sont des charlatans, et plus leur certitude que nous vivons dans l'ignorance du message du Christ sera confortée. A leurs yeux, l'histoire ne fait que se répéter, et ils se voient en martyres de la Rome antique, seuls détenteurs de la vérité et pourtant jetés en pâture aux lions. Je ne prétends pas qu'il faille nier le danger que représentent ces sectes, mais pendant que nous traitons de leur existence en termes anthropologiques et théologiques, elles s'activent concrètement avec des armes technologiques.

Je pense qu'un des moyens de limiter leur aire d'influence serait de se concentrer sur leurs compétences technologiques en matière de médias. Puisque c'est la liberté qui est en péril, il serait opportun de définir sa signification comme droit de penser différemment, attitude que les sectes ne considèrent pas comme allant de soi. Si vous demandez à leurs membres s'ils se sentent libres, outre que cette question ne soit pas très compréhensible de leur point de vue, ils vous répondront qu'après être devenus membres de cette secte ils ont effectivement vécu un progrès dans la qualité de leur vie et qu'ils sont libres dans leur vie quotidienne. Il faut arrêter de donner aux sectes les arguments qu'elles attendent pour se développer. Je crois donc que le meilleur moyen de les combattre serait d'investir le terrain qu'elles maîtrisent : celui des médias.

Luiz Felipe Pondé, philosophe et psychanalyste (Brésil)

rlementaires
d'alarme

Un fédéralisme vertueux?

Le fédéralisme a souvent été conçu comme une forme d'Etat idéal, créant une unité tout en respectant des identités différentes. A partir d'une analyse de la Suisse, Antoine Maurice constate la fragilité de cet équilibre rêvé : l'idée de fédéralisme, aujourd'hui, est en crise. Son vrai sens, pour Alain Finkielkraut, est à repenser.

Rassemblement des bannières cantonales suisses, gravure du XVIᵉ siècle.

La Suisse, genèse d'une identité fédérale

La Suisse est née au XIIIᵉ siècle d'un pacte entre trois cantons originaires, fondant une autonomie judiciaire et économique de chacun par rapport au royaume des Habsbourg. A ces libertés s'ajoute le façonnement de l'identité vis-à-vis de l'extérieur pour défendre des intérêts communs, qui mène à un pacte de défense collective. La confédération se construit au cours des siècles suivants et jusqu'à la Révolution française, par agrégations successives de nouveaux confédérés. Il y a là un pari originel dans les vertus du lien confédéral qui suppose que l'alliance des proches et des analogues résout plus de problèmes qu'elle n'en pose. Le lien confédéral se définit par là comme ouverture – avant de tourner ultérieurement à un renfermement. Les traits constitutifs de l'identité suisse sont à la fois des valeurs fondatrices et des institutions actuelles : l'indépendance à l'égard de l'extérieur et l'autonomie interne des cantons, l'égalité de ceux-ci et la démocratie directe qui renvoie à une souveraineté idéale du peuple au-delà de l'Etat central, enfin la neutralité par laquelle la Suisse s'est mise à l'abri des conflits européens qui la menaçaient régulièrement d'éclatement interne.

Une identité multiple

L'identité suisse s'élabore donc comme une construction volontaire et politique, autour de valeurs et d'institutions reconnues et choisies. C'est pourquoi elle sera toujours fragile, en tant qu'engagement révocable, et aussi en tant qu'identité composite, ni ethnique, ni territoriale, ni religieuse, c'est-à-dire peu «naturelle» et peu charnelle. Cette identité se fixe à partir des Lumières et des révolutions radicales de 1848 en un fédéralisme moderne. Le modèle américain l'inspire pour ce qui tient à l'importance de la Chambre Basse (représentation populaire) et au pouvoir de l'Etat central.

Tout en succombant finalement à ses séductions, la Suisse aura partout opposé une forte résistance à l'idéologie des Lumières et en particulier à sa prétention universaliste. Tout ce qui existe de particularismes en Suisse (qui nourrissent l'idéologie fédéraliste) se rebiffe contre le «nivellement» des Lumières. Ce n'est qu'après Napoléon et la Restauration que disparaîtront un à un dans les cantons les anciens régimes (patriciens, oligarchiques et même monarchistes).

Pourtant, la Suisse reste loin d'être un Etat homogène et sa fragilité même (résultat du fait de ne pas avoir structuré ses communautés originaires selon des lignes où les facteurs linguistique, religieux ou plus tard politique se seraient exactement superposés) est aussi une chance historique permettant des allégeances multiples et une identité cumulative et non exclusive. Cette identité moderne et modérée du «nous» suisse se conforte dans l'épreuve des excès nationalistes qui vont jeter par trois fois les grands pays européens dans des guerres fratricides.

Fédéralisme et nationalisme

Pour autant, et malgré son ouverture traditionnelle à un certain niveau économique, la Suisse n'est pas à l'abri, au cours de ce siècle, du virus nationaliste, qui vient combler un manque ressenti comme déficit de la nation lors des grandes crises économiques. Il prend souvent la forme d'un «patriotisme de la petitesse» : il y a un sentiment de la plénitude; la

construction suisse se sent parfaite et achevée. Son immunité à l'égard des guerres européennes la confirme dans un sentiment de «peuple élu». De plus, la petitesse est souvent perçue comme véritable vertu : la démocratie ne vaut, selon l'intuition grecque, que dans les collectivités réduites en démographie et en territoire. Pour la Suisse, au sein de ses collectivités comme dans son ensemble, la modestie constituera le comportement civique par excellence. Fausse modestie, inévitablement : non seulement elle professe l'horreur du grand homme ou de l'homme providentiel, mais elle promeut aussi les conformismes et la médiocrité. Il en résulte une modération à tout prix du débat politique et intellectuel, ainsi qu'une préférence pour l'administration des choses et du management fédéral pourvoyeur de forts consensus. La xénophobie accompagne depuis 1960 l'actualité suisse, aujourd'hui sous sa forme anti-européenne.

Une Suisse à réinventer, au sein de l'Europe?

La manière dont les Suisses vivent leur identité comme une passion modérée a quand même un aspect vertueux : elle ne déborde ni n'emporte l'individu. Il s'agit d'une identité tolérante des différences, à la limite parfois de l'indifférence. La faiblesse de cette identité de groupe consiste en ce qu'elle est peut-être trop rationnelle et pas suffisamment vécue. Si le fédéralisme est universaliste et ouvert, non par expansion territoriale mais par reconnaissance d'intérêts communs, l'identité suisse devrait entrer en sympathie avec l'intégration européenne. Or une moitié environ du peuple suisse la ressent comme une menace pour son identité, craignant l'avalement des particularismes par la masse des intérêts communs. La Suisse a conscience de devoir se réinventer. Cela comportera une relecture du passé et la création d'un projet d'avenir qui ne s'épuise pas dans le seul fédéralisme (suisse) tel est actuellement le défi.

Antoine Maurice, sociologue et journaliste (Suisse)

Si, pour Antoine Maurice, un certain nationalisme exagéré est l'une des causes de la crise du fédéralisme suisse, Alain Finkielkraut explique que c'est aussi le refus de toute revendication d'une identité nationale – même là où elle est légitime – qui peut mettre le fédéralisme en danger.

Kant : un projet de paix perpétuelle

Comment faut-il penser la crise du fédéralisme? Mais d'abord, comment penser le fédéralisme? Je voudrais renvoyer au projet de paix perpétuelle de Kant, qui explique que le seul moyen de sortir du niveau de l'Etat de nature et d'arriver à des relations internationales qui sous-tendent l'Etat de nature, c'est le développement de l'idée de fédéralisme. Il refusait ainsi, comme plus tard Hannah Arendt, l'objectif d'un gouvernement mondial qui serait la pire tyrannie imaginable.

C'est le chemin que semble avoir pris l'Europe après la Seconde Guerre mondiale. Certes, il y a en Europe des ennemis du fédéralisme, mais il ne s'agit pas chez Kant du fédéralisme au sens technique, juridique du terme – qui serait différent du confédéralisme, par exemple –, il s'agit de cette idée régulatrice qui seule permet réellement de mettre la guerre hors la loi. Un Etat, dit Kant, n'est pas un avoir, c'est une société d'êtres humains à laquelle nul ne peut commander si ce n'est cet Etat lui-même. Or, l'incorporer à un autre Etat à la manière d'une greffe, c'est supprimer

son existence en tant que personne morale, c'est faire de cette personne une chose; c'est, par conséquent, être en contradiction avec l'idée du contrat originel sans laquelle on ne saurait concevoir de droit sur un peuple.

Le malheur, c'est qu'avec l'imposture totalitaire, on a donné le nom de fédéralisme à cette forme-là d'écrasement patrimonial.

Faux fédéralismes

Castoriadis a dit en parlant de l'URSS : «Quatre mots, quatre mensonges» : ce n'est pas une union, ce ne sont pas des républiques, elles ne sont pas socialistes et on y vit sous le régime du parti unique et non sous le régime des conseils. Il faudrait ajouter le mensonge fédéral : la domination d'un peuple, d'un Empire, sur d'autres peuples qui a reçu en Union soviétique et en d'autres pays communistes le nom de fédération. Ce mensonge n'a pas été dénoncé ni perçu comme il aurait dû l'être, et dans l'Europe qui voulait expier les deux guerres et le nationalisme, on a réagi avec d'autant plus de crainte que ces peuples qui s'étripaient semblaient prendre le chemin de l'histoire en sens interdit, en cassant une fédération au lieu d'en renforcer une. Cette «fédération» n'en était pas vraiment une et les premières revendications que l'on entendait dans les milieux slovènes et croates vers la fin des années 80 n'étaient pas de détruire une fédération mais de créer dans l'espace yougoslave une vraie fédération basée sur le modèle suisse ou scandinave.

Une fédération sans déraciner ses membres

Analysons le modèle scandinave. Il existait deux Etats dynastiques en Scandinavie. Puis la démocratie a amené la création d'une pluralité de cinq Etats sur la base desquels l'association réelle des pays scandinaves a pu se faire. Fédération signifie ici association de nations gouvernées par le peuple, mais par des peuples convoqués par l'Histoire et qui exigent la souveraineté sous la forme de nations. C'est cet aspect du fédéralisme qui est aujourd'hui incompris, peut-être parce que nous autres libéraux, nous autres démocrates, nous avons gardé quelque chose du mythe soviétique défunt.

Si Castoriadis dit qu'il y avait «quatre noms, quatre mensonges», Jacques Derrida révèle un autre aspect frappant du nom de ce pays, qui désigne tout un programme : «Union des Républiques soviétiques socialistes». C'est le seul Etat qui ait reçu un nom technique, conventionnel, politique, où ne figurent plus de nom de lieu, de famille, de nom propre. C'est la vocation philosophique même de l'URSS, son nom marque la victoire de l'homme sur tout héritage, sur l'involontaire, sur ce qui n'est pas choisi, sur le particulier. L'homme est son propre fondement, il affirme sa vocation universelle et sa puissance souveraine dans cet acte de nomination. Il n'est pas sûr que nous ne continuions pas à être fascinés par ce projet qui, après la Seconde Guerre mondiale, apparut dans toute sa splendeur : c'était la victoire de la civilisation sur une barbarie qui voulait enfermer les hommes dans leur identité et les prendre au piège de l'essentialisme.

Le processus d'humanisation est un processus d'autofabrication, certes, mais il ne doit pas se faire de façon trop radicale en faisant table rase du passé. «L'expérience de la personne déplacée», dans les mots de Hannah Arendt – celle du réfugié ou de l'exilé, par exemple – nous l'a bien montré. La grande surprise, si l'on étudie bien le siècle, c'est que les personnes déplacées ont découvert par défaut la nécessité ou la vertu d'un certain enracinement. Si nous avions été plus sensibles à tout cela, peut-être aurions-nous mieux su accueillir cette exigence nationale et ne pas céder à une opposition beaucoup trop scolaire et radicale entre fédéralisme et nation. Le fédéralisme est une association de nations et non l'arrachement à l'existence nationale. Dire, comme le fit Pierre Bourdieu lors d'une conférence en 1991, qu'il fallait être européen parce que «c'est un degré d'universalisation supérieure, parce que c'est déjà mieux que d'être français», est une optique qui nous fait tout manquer : la vérité du fédéralisme mais aussi l'authenticité et la légitimité, au moins partielle, de l'exigence nationale.

Alain Finkielkraut,
philosophe (France)

Réfugiée bosniaque à Travnik, novembre 1992.

Nous sommes une culture du conflit

L'identité naît et se nourrit du conflit. Mais son affirmation ne débouche pas forcément, selon Gianni Vattimo, sur la violence, si elle se forme au sein d'une démocratie ouverte au pluralisme. Cela suppose de penser, à la suite de Nietzsche, une identité faible qui ne repose plus sur un sujet hégémonique et refermé sur lui-même. Yoro K. Fall rappelle que, pour les Africains, la question «Qui sommes-nous?» implique de se démarquer des modèles que leur a imposés la domination coloniale.

Minimalisme culturel et violence

Le philosophe allemand Walter Benjamin affirmait que l'essence d'une chose apparaît dans toute sa vérité au moment où elle est menacée de disparition. De même, l'identité – individuelle ou de groupe – acquiert une importance décisive dans un contexte de menace ou de violence. J'ajouterai qu'elle «s'affirme» toujours par une lutte qui s'inscrit dans des rapports de pouvoir et de domination.

La violence de la question du policier : «qui êtes-vous?» est légitimée uniquement parce qu'elle est posée au nom de la loi. Les peuples colonisés ont répondu à la violence par une autre violence, plus ou moins nécessaire. Pour des raisons identiques, des minorités en tout genre qui estimaient être l'objet de discriminations – femmes, homosexuels, etc. – ont fait de même, mais cette fois à l'intérieur des sociétés. En ce sens, la question de l'identité est fille de la

S arajevo vers 1880.

décolonisation et de la dissolution de l'unité intérieure de la société occidentale. *A contrario*, la question «Qui sommes-nous?» ne se pose pas dans des communautés sûres d'elles-mêmes, solidement installées dans leurs murs et dans une culture commune.

Ce lien entre identité et violence paraît si bien établi que s'étend dans les sociétés multiculturelles – et s'étendra de plus en plus avec l'accentuation de cette caractéristique sociale – une attitude que je qualifie de minimalisme culturel. Il s'agit d'éliminer dans les lieux publics, censés être laïques donc neutres, les symboles d'une religion, d'une ethnie, d'un groupe, pour faire ainsi disparaître des causes de conflits possibles, comme si cette manifestation recelait, implicitement au moins, une source de violence. Mais cette solution minimaliste doit être d'emblée exclue : une société dépouillée de toute symbolique spécifique serait terriblement appauvrie et immobile, finalement complètement muette.

C'est ce même lien qui conduit responsables politiques et sociologues à redouter que notre monde soit condamné à être ravagé par de grands conflits de culture, identiques aux guerres de religion.

Pouvons-nous éviter de tomber dans ces deux excès opposés en répondant à la question «Qui sommes-nous?» Trouver une identité qui ne soit pas réduite à ce presque rien du minimalisme culturel, ou qui échappe à la violence engendrée soit par l'hégémonie d'une culture particulière, soit par une interminable conflictualité d'ordre culturel? Pour résumer, je répondrai que nous sommes une culture du conflit : l'identité consiste précisément à se désagréger et à se reconstituer continuellement à travers le conflit lui-même.

Vers une troisième voie

Cette «troisième voie» ne sera viable que si ce conflit ne s'exacerbe pas jusqu'à la violence, et il y faut une condition au moins : que cette nouvelle identité prenne corps au sein d'Etats démocratiques, dans un équilibre au moins relatif entre pouvoirs et droits. C'est seulement alors que des mesures politiques peuvent permettre de dissocier les conflits culturels de la distribution des pouvoirs et des richesses. C'est l'absence de cette dissociation qui a donné à ces conflits, dans le passé, un tour en général violent, et elle est donc d'autant plus difficile à obtenir qu'elle se heurte à des habitudes enracinées dans la structure anthropologique de notre civilisation. C'est enfin grâce à cette dissociation qu'une société devient capable de libérer de façon productive le conflit des cultures pour le ramener à une concurrence entre des styles d'existence, des religions, des visions du monde, comme une sorte de compétition entre différents styles artistiques. Il en résulterait une sorte d'identité faible mais capable de tolérer un degré assez élevé de conflictualité sans sombrer dans la névrose et provoquer des formes de réaction violente.

L'Europe offre un bon exemple d'une marche vers cette identité «générale» dont nous sommes en train de chercher les traits. La constitution des identités nationales y a été l'objet de luttes violentes pour dépasser les identités locales. Cette même lutte se reproduit dans le procès d'unification continentale, mais sans la violence, parce qu'il se déroule dans des démocraties «mûres».

La seule contribution possible du philosophe auprès des dirigeants politiques est de réexaminer le mode traditionnel – constitutif de notre identité européenne – de la formation de l'homme cultivé; de le réexaminer sachant que le pluralisme, avant d'être un phénomène de société, est devenu un trait de l'homme contemporain. Celui-ci ne pourra plus être un individu obsédé par son identité, encore moins par la recherche de la formation d'une unité forte, mais ira vers une identité sinon faible, du moins élastique et ouverte, vers une unité dans la charité, rêve des religions. L'homme pourra alors devenir l'authentique citoyen d'une société où l'identité soit enfin dissociée de la violence.

Gianni Vattimo,
philosophe,
université de Turin (Italie)

Carte de l'Afrique, fin du XVᵉ siècle.

Pour les Africains, la question «Qui sommes-nous?» implique de se démarquer d'un «minimalisme culturel» qui s'est imposé à eux à travers l'esclavage, la référence politique à l'Europe, le modèle démocratique qui n'est pas nécessairement adapté aux Africains.

Pour engager la rencontre et la conversation avec M. Vattimo, je trouve la plus ancienne relation de l'une des premières rencontres en Afrique entre un Européen et un Africain en 1455. Un Italien, Alvise Da Mosto, et un Sénégalais, Burdameel, chef du Kajoor.

Le Sénégalais et le Vénitien

Da Mosto, Vénitien engagé dans l'aventure portugaise, est reçu par le chef sénégalais, qui lui dit à peu près ceci : «Vous, vous avez les moyens, les navires, vous avez les mâts, vous avez les voiles, vous pouvez vous déplacer sur les mers et vous êtes arrivés jusqu'à nous. Dieu vous a donné le pouvoir sur Terre. Nous, nous avons de bonnes croyances qui nous permettent de nous entendre entre Noirs, de bien vivre sur la Terre, et de

l'emporter sur vous dans l'au-delà.»

Le texte est extrêmement intéressant parce que Da Mosto précise que le chef parle de ses croyances entouré de différents religieux – des musulmans et des animistes. Ce chef politique dirige la province atlantique d'un État multi-confessionnel, comme pouvait l'être le Sénégal d'alors, et comme il l'est encore aujourd'hui.

Nous voyons déjà là s'esquisser dans un parfait minimalisme culturel un certain nombre de questions proches de «Qui sommes-nous?» Le continent africain, de fait, est géographiquement le plus proche de l'Europe, même si les difficultés de naviguer sur l'Atlantique ont retardé les contacts directs. C'est aussi le continent qui en est le plus éloigné culturellement. Jusqu'à présent, nous n'avons pas de civilisation dominatrice en Afrique, nous avons des cultures. Nous n'avons pas de différences, nous avons des diversités. Et nous gérons ces diversités en dépit des «couches successives de minimalisme» qui se sont sédimentées au cours des cinq derniers siècles.

En finir avec le minimalisme

Le premier recours au minimalisme culturel était un moyen de protection contre l'esclavage. On se convertissait à l'islam ou au christianisme tout en gardant ses croyances africaines. Mais une fois convertis à l'islam et au christianisme pour se défendre contre l'asservissement, les nouveaux convertis devenaient à leur tour des chasseurs d'esclaves sur le territoire de leurs voisins non convertis. On peut aussi parler de minimalisme culturel lorsque l'Afrique entre en colonisation, au moment où l'Amérique latine entre en indépendance, comme s'il y avait un décalage historique.

Minimalisme culturel encore que ces trente-cinq dernières années, où l'énergie sociale africaine se tourne vers la constitution d'Etats et non vers leur développement. Ces Etats laminent les pouvoirs locaux et érodent les ciments sociaux, ce qui explique certains des conflits contemporains.

Minimalisme culturel depuis que nous sommes entrés en «démocrature», et on l'on enseigne que la démocratie c'est la loi de la majorité, aboutissant à un minimalisme politique importé qui cherche à conquérir le pouvoir et non pas à gérer démocratiquement les problèmes de la société.

Qui sommes-nous par rapport à ces différents minimalismes? Foncièrement humanistes, les cultures africaines ne sont créatrices que dans le «maximalisme» culturel, le pluralisme et l'éthique sociale. C'est pour cela que nous pouvons faire nôtre l'injonction de Fanon lorsqu'il nous invite, moins à suivre l'Europe dans ses réponses qu'à

reformuler pour nous et avec tous les autres les questions auxquelles l'Europe n'a donné jusqu'ici que des réponses imparfaites.

Yoro K. Fall, archéologue, historien, anthropologue (Sénégal)

Gianni Vattimo souligne que pour les Africains, le minimalisme culturel ne représente pas une solution contre la menace des particularismes, mais précisément le modèle imposé par la domination coloniale, qu'il s'agit de combattre.

D'une certaine façon, c'est vrai que nous autres Occidentaux sommes peut-être plus critiques par rapport à l'identité parce que nous en voyons les limites. La raison du minimalisme dans les cultures occidentales aujourd'hui est liée à la crainte de voir se multiplier les symboles de cultures particulières dont le conflit déboucherait sur la violence. Tandis que le minimalisme a été associé par Yoro Fall justement à une forme de défense. En effet, dans une situation d'esclavage, le minimalisme est vécu comme la réduction d'une culture à son minimum. Le problème est donc de savoir si les peuples du monde qui ont été réduits au minimalisme à cause de l'esclavage ne peuvent affirmer leur identité qu'à travers la violence.

Là apparaît un autre problème qui a trait à l'identité : la transformation démocratique des peuples qui n'ont pas traversé la Révolution française doit-elle s'opérer à travers les étapes, selon les lois qui ont été propres à l'Europe? En Europe, nous avons constitué nos identités nationales à travers des violences. Est-ce une loi de l'histoire ou peut-on envisager d'autres processus d'identification?

Gianni Vattimo

Que désirons-nous?

Yirmiyahu Yovel part du postulat, partagé par les philosophes de l'immanence depuis Spinoza, que nous sommes des créatures de ce monde. En tant que telles, nous sommes des êtres finis. Ainsi, le désir de sens comme combat contre notre finitude caractérise notre être. Or, cette recherche est condamnée à l'inachèvement : aucune identité ne peut résumer notre existence. De ce désir de sens, Axel Honneth prolonge l'interprétation : il y voit le dérivé du désir de réalisation de soi.

Identité et sens

Selon que l'on considère l'être humain d'un point de vue religieux ou séculier, on observe un manque fondamental, une quête, ou un désir inhérent à notre être. Nous sommes désir, nous existons comme agissant envers quelque chose dont nous avons besoin ou qui nous manque, à la recherche d'une partie de notre être. Comment définir ce quelque chose?

Les réponses à cette question sont multiples. La plupart des gens diront que nous avons le désir de vivre, de survivre. D'autres diront que nous désirons le bonheur. D'autres encore, d'inclination plus religieuse ou philosophique, que nous poursuivons un but appelé salut, béatitude, ou éternité. Une réponse d'ordre plus général sera de dire que nous cherchons un sens, quelque chose qui puisse exalter notre existence ordinaire et lui donner une signification.

Derrière nos objectifs de survie, de bonheur, et de sens, on peut distinguer une quête universelle : dépasser la finitude de notre être, dont la mort et la souffrance sont deux aspects fondamentaux. La quête de signification est censée surmonter une autre forme de finitude, caractérisée par le fait que l'existence est inintelligible, contingente, et liée à l'éphémère «ici et maintenant». C'est peut-être le moyen le plus important auquel les hommes ont recours pour tenter de combattre leur finitude. Les éléments porteurs de signification sont, en général,

Œdipe et le Sphinx. Tasse attique, vers 470 av. J.C.

puisés dans les symboles d'identification communs à un groupe, une tradition, une religion, etc., ou proviennent d'intérêts personnels, d'une famille, d'une profession, ou d'un rêve, bien que dans de nombreux cas (comme le nationalisme) nous ne faisons que nous accrocher à quelque valeur particulière qu'ils se représentent à tort comme universelle. Ce qui nous rend humain n'est pas nécessairement ce qui fait de nous des êtres moraux.

L'identité comme ancrage métaphysique

L'identité fait fonction d'ancre métaphysique, nous plantant dans la réalité en drapant nos pauvres existences d'attributs distincts. Dans ce sens, la recherche d'identité répond à un besoin statique, le besoin de fixer et de stabiliser notre existence (et quelquefois même de soustraire à notre conscience sa nature problématique et contingente).

Quoi qu'il en soit, aucune «identité» ne peut effectivement résumer ou s'emparer de notre existence. Nous sommes toujours plus que la panoplie d'attributs qu'on nous a donnés à assumer. Sous chaque identité, il y a un désir de se surpasser qui implique son propre inachèvement en nous ouvrant le nouvelles possibilités (tout aussi inachevées). Il existe une tension entre les deux faces d'une identité, la statique et la dynamique : l'une stabilise l'existence et l'autre pousse la vie vers l'avant.

Pendant que l'Europe, poussée par la révolution technologique, libérale et laïque, se modernisait, les romantiques rêvaient d'une «identité intégrale» que la modernité nous avait prétendument fait perdre, décrite comme une synthèse d'éléments ethniques, religieux, locaux, environnementaux, et souvent raciaux («la terre et le sang»), nécessitant un régime autoritaire pour la préserver.

Cette opinion proto-fasciste réapparaît dans diverses régions d'Europe et entraîne une nostalgie pour quelque chose qui n'a jamais existé et ne peut pas exister, sauf comme une caricature imposée par une contrainte totalitaire. La raison en est que l'identité humaine n'est jamais accomplie ni complète. En fait, il est inhérent à la vie moderne que les gens éprouvent le besoin d'allégeance à plusieurs traditions, choix de valeurs, ou de groupes, comme différentes composantes de leur identité personnelle. De telles personnes réclament, et devraient avoir le droit de revendiquer ces «ancres» de l'identité, sans être moralement châtiées ou punies politiquement. La question de la pluri-allégeance est de ce fait étroitement liée à la question de l'identité et devrait être abordée sous un nouvel angle.

La recherche d'une identité «intégrale» est un but hors d'atteinte pour des êtres humains. Ainsi, il existe une forme de déception ontologique dans toute forme de fondamentalisme, qu'il soit religieux ou séculier.

Quel est le rôle de l'Autre dans la création de cette incomplète et multiple identité? Yovel discute du sens de l'Autre.

L'identité et l'Autre

L'Autre est près de moi dans le même groupe, un «frère», déterminé en fonction de certains attributs de groupe que nous sommes censés partager, qui peuvent engendrer solidarité et rivalité.

L'Autre est au-dessus de moi à l'intérieur du même groupe : le chef, le fondateur historique, l'autorité par laquelle mon groupe a été créé et se perpétue.

L'Autre est en dehors de mon groupe : cette relation logique s'inscrira souvent dans le cadre d'une compétition, qui peut être source d'énergie et de créativité.

La diversité européenne serait triste et stérile si elle était privée de ces éléments d'émulation culturelle. Ce dont on a besoin, ce sont de normes éthiques et d'institutions politiques afin de garantir une reconnaissance mutuelle de chacun des constituants, condition et limite de leurs propres revendications.

Diversité et tolérance institutionnelle

Jusqu'ici, l'identité et la reconnaissance de l'Autre ont été perçues, en Europe, comme des opposés s'excluant mutuellement. Le problème de l'Europe est de savoir comment s'arranger de cette diversité. Politiquement, c'est une prévention contre le caractère violent, tribal et très particulier des identités religieuses et ethniques. Psychologiquement, cela force chaque groupe à se penser et à se percevoir du point de vue de l'autre, condition de sa propre perception.

La tolérance comme un droit

La tolérance institutionnalisée est donc une nécessaire contrepartie de la diversité et du pluralisme, non pas comme une grâce, mais comme un droit.

Une communauté fondée sur un contrat social d'égalité entre les groupes, avec un centre fort habilité à sauvegarder leurs droits, sera plus qu'une institution politique. En créant de nouvelles habitudes et comportements, en changeant graduellement la façon qu'ont les gens de percevoir leur propre image et celle des autres, cela peut être un outil d'éducation sociale.

Les passions identitaires ne peuvent pas être balayées d'un geste de la main et qualifiées de rétrogrades mais doivent

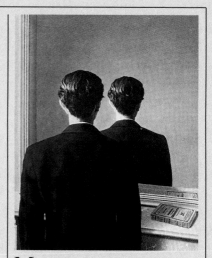

Magritte, *La Reproduction interdite*, 1937.

être prises en considération dans toute théorie et pratique politique valable, d'une part, en les satisfaisant et, d'autre part, en les détournant et en recentrant leur énergie au moyen d'institutions et de méthodes politiques. La réponse à leur demande doit être politique, et à même de contenir le volcan des passions identitaires, en partie en les satisfaisant et en détournant leurs énergies vers des voies de coopération, et en partie en les tenant en échec au moyen d'une autorité centrale démocratiquement constituée et efficace. Un «Empire démocratique»?

Yirmiyahu Yovel, philosophe, université hébraïque de Jérusalem (Israël)

Axel Honneth commente la notion de désir de sens puis analyse les implications de son interprétation; enfin, il se demande si ce désir possède un contenu moral.

Avant le désir de sens

La première réponse à la question de la recherche d'un sens est la théorie hédoniste selon laquelle le seul objet de désir que tous les êtres humains partagent est le plaisir. Une autre réponse est la théorie kantienne qui dit que la finalité désirable de tous les êtres humains est la conformité à la moralité abstraite.

Or la recherche de sens est le dérivé d'un désir plus universel et plus élémentaire, la réalisation de soi, dans son sens le plus large, comme le désir d'actualiser les virtualités et les souhaits que nous avons en tant qu'êtres humains.

Second point, les autres désirs possibles, que nous tenons parfois pour universels, devraient être interprétés comme étant des implications ou des préalables à ce désir de réalisation de soi, en relation avec l'identité. Ce qui implique que l'identité n'est pas le résultat de la recherche du sens mais presque une implication du désir de réalisation de soi.

La première de ces implications est la reconnaissance. Je pense que le désir de reconnaissance doit être compris comme une sorte de préalable à notre désir de réalisation de soi. On peut dire la même chose du sens. Il n'est pas un objet de désir indépendant, mais une conséquence ou un préalable à ce premier désir universel. Ces deux préalables, c'est-à-dire la recherche de reconnaissance et la recherche de sens, peuvent être décrits en tant que désirs.

Il serait trompeur de dire que cela implique que nous sommes à la recherche de moralité, puisqu'il existe une diversité de sens. Je ne vois pas de lien direct entre le désir de réalisation de soi et la moralité. Mais je pense, à la différence de Yovel, qu'il y a un lien indirect qui résulte du fait que la reconnaissance est un des préalables au désir de réalisation de soi. De ce fait, nous trouvons de l'intérêt dans la reconnaissance de nos capacités ou de nos intentions par les autres. En réalisant que nous ne pouvons atteindre cette reconnaissance qu'en reconnaissant nous-mêmes l'autre, nous devenons conscients d'une sorte de dépendance et de reconnaissance mutuelles. A cet égard, j'aimerais dire qu'il existe une connexion indirecte entre le désir de réalisation de soi et la possibilité d'une compréhension partagée de notre besoin commun d'une mutuelle reconnaissance.

Axel Honneth, philosophe, université Johann-Wolfgang-Goethe (Allemagne)

Axel Honneth termine par une question sur le versant politique de l'exposé de Yovel. Pourquoi la forme d'union politique capable de contrôler les passions identitaires devrait-elle être appelée «Empire démocratique»? Pourquoi user de la traditionnelle et hiérarchique notion d'Empire?

Le concept «d'Empire» n'est pas nécessairement hiérarchique. *Imperium,* c'est le pouvoir, le pouvoir politique. Cependant, il existe la notion d'un Empire beaucoup moins structuré. Je pense à quelques éléments de la politique médiévale que notre Etat-nation a un peu trop hâtivement écartés. Il y avait des éléments de décentralisation, d'autonomie locale, de *self-government* qui n'étaient pas dominés par des concepts de nation, d'ethnie ou de religion. Il y avait ce que j'appellerais la pluri-fidélité. Le concept fédéral est, à mon avis, aujourd'hui dépassé. Il nous faut un nouveau concept fédéral, que l'on pourrait appeler «confédéral» ou encore «nouvelle confédération», pour renoncer au mot Empire.

Yirmiyahu Yovel

Mohammed Arkoun   Jacques Le Goff   Predrag
                                     Matvejevitch   Matthias Middel

Hamid Salmi   Ehsan Naraghi

Thanh Lang   Denise Bombardier
Carpuat-Ly

Brigitte Senut   Tanella Boni-Koné

Être et avoir été

Pour comprendre qui nous sommes, il nous faut revenir au passé. Nous ne sommes que parce que nous avons été, héritiers d'une histoire, individuelle et collective, ethnique, sociale, religieuse. Pourtant, parmi l'ensemble des événements passés, nous restons libres de choisir ceux qui constitueront notre identité, libres de nos mythes fondateurs.

Il n'est pas d'histoire qui ne soit plurielle, métissée.

Mais la formation de l'identité n'est pas toujours facile.

Pour ceux qui viennent d'un pays «ex», la condamnation du passé, la perte des origines causent malaise, désillusion permanente, gêne dans l'exercice d'une liberté nouvelle.

Pour les migrants, la confrontation des références d'origine au monde nouveau est douloureuse. Ces figures extrêmes illustrent la contradiction vécue par chacun de nous, entre la mémoire et l'oubli, l'origine et le destin, le déterminisme et la liberté.

L'histoire : inspiration ou fardeau?

Plusieurs écoles de pensée s'affrontent sur la question «Qui sommes-nous?» en contexte islamique. Aucune ne s'appuie sur une réelle connaissance de l'histoire et des cultures musulmanes, explique Mohammed Arkoun. Jacques Le Goff acquiesce : nous sommes des héritiers. Quelle part donner à cet héritage dans la définition de ce que nous sommes?

Il est difficile d'insérer la question «Qui sommes-nous?» dans les contextes islamiques si variés d'aujourd'hui. Dans ce monde musulman qui s'étend de l'Indonésie jusqu'au Maroc et de l'Asie centrale jusqu'à l'Afrique du Sud, nous rencontrons tellement de voix, de peuples, de cultures, et à l'intérieur de chaque société, des groupes socioculturels si différenciés, qu'il est très difficile de ramener cette diversité à une seule qualification : l'islam. Or si celui-ci est d'abord une religion, c'est aussi une tradition de pensée plurielle, qui, au cours de l'histoire, a proposé plusieurs voies intellectuelles, aujourd'hui oubliées, méprisées ou méconnues.

Rupture

«Qui sommes-nous?» En tentant de répondre à cette question installée dans le parcours occidental de la pensée, nous avons rencontré la Raison des Lumières. Or en conduisant à ce que Nietzsche a appelé «la mort de Dieu», elle a éliminé, au mieux privatisé, ce qui était la voie principale de réalisation de la condition humaine dans toutes les cultures : la dimension religieuse des sociétés.

Si nous tournons notre regard vers le monde musulman, nous butons contre deux obstacles : d'une part, l'oubli, par les musulmans eux-mêmes, des grandes productions intellectuelles, culturelles et religieuses de la période classique, qui s'étend du VIIe au XIIIe siècle, et d'autre part, l'élimination de ces mêmes productions dans les pratiques culturelles et les programmes d'enseignement occidentaux depuis le XVIe siècle.

La rupture est institutionnalisée au point de nous empêcher de penser et de

Page de Coran, Inde, XVe siècle.

comprendre ce qui s'affirme devant nous sous le nom de «fondamentalisme». Or ce dernier est une expression très récente et conjoncturelle de l'islam. C'est une réaction – et non pas une émergence de l'intérieur – au fonctionnement historique de la modernité issue des Lumières telle qu'elle a été transportée et imposée dans les sociétés musulmanes à partir du XIXe siècle.

L'islam a d'autres façons de se situer. Celle des réformistes par exemple : c'est le grand courant qui part de Mohammed Abdou et de Jamal ad-Din al-Afghani et qui continue à s'exprimer jusqu'à la Seconde Guerre mondiale, c'est-à-dire l'émergence des luttes de libération nationale. Entre 1850 et 1950 environ, les réformistes ont tenté de montrer que les enseignements de l'islam originel, tel qu'il s'exprime dans le Coran et la tradition du prophète, étaient capables de répondre aux défis de la modernité. Ils ont développé une rationalité pragmatique pour débloquer des mentalités conservatrices. A la même période, le courant parallèle des intellectuels libéraux regardait davantage du côté des Lumières. Ses fondateurs et adeptes, Rifaa al-Tahtawi, Taha Hussein (Egypte), Khayr-ad-Dine (Tunisie) et d'autres ont, avec une grande naïveté, essayé d'adapter les acquis de la modernité aux sociétés musulmanes, à un moment où le discours nationaliste prenait forme mais n'avait pas encore la force qui le caractérisera après 1945.

Depuis les années 70, deux autres voies sont en compétition violente pour (re)construire les identités disloquées par les Etats-nations-partis. Face au fondamentalisme de l'islam politique se dressent les militants laïcistes, qui ne se contentent pas de considérer que la religion ne doit pas intervenir dans le domaine public mais restent indifférents,

voire hostiles, à toute connaissance de l'histoire et de la pensée religieuse. Quant aux fondamentalistes, ils ignorent ce qui s'est passé du VIIe au XIIIe siècle, période aussi méconnue dans les sociétés musulmanes qu'en Occident, mais s'y réfèrent obstinément comme à un âge d'or. Faisant un usage apologétique et idéologique de la pensée classique, les fondamentalistes et bien des laïcistes oublient de dire qu'elle est liée à l'espace mental théocentriste du Moyen Age, que la modernité a précisément rejeté dans un passé obsolète.

Je crois nécessaire de remonter à cet espace médiéval si l'on veut faire une archéologie de tous les fantasmes religieux et idéologiques qui opposent les rives Nord et Sud de la Méditerranée, et écrire l'histoire de cet espace si longtemps accaparé par des théologies concurrentes, pour montrer comment elles ont fonctionné comme des systèmes culturels et intellectuels d'exclusion réciproque.

Mohammed Arkoun, historien, Sorbonne-Nouvelle (Paris)

En quoi sommes-nous des héritiers?

«Du passé, faisons table rase» est un mot d'ordre dangereux. L'amnésie du passé est, tant au plan individuel que collectif, une des pires, elle ne peut que nous faire souffrir et nous amener à commettre des erreurs et probablement engendrer encore plus de violence. Mais la mémoire et l'histoire ne nous dictent pas ce que nous devons faire. La notion d'héritage implique, certes, des choix. Il n'y a pas de déterminisme historique. L'histoire contribuant à façonner qui nous sommes exclut ou rend difficiles certains comportements. Les catégories sociales dont nous sommes issus nous mettent aussi en possession d'héritages différents. Mais il existe toujours pour chaque homme, chaque femme, une marge de liberté à l'égard de l'histoire comme de tout autre composante de la condition humaine. Nous pouvons refuser tel héritage de mémoire et d'histoire que nous estimons condamnable ou dangereux. Nous devons plutôt en garder la mémoire, le connaître dans une perspective historique mais ne pas vouloir le reproduire ou le continuer. Le médiéviste européen que je suis bannira de son présent et de son avenir, par exemple, l'esprit de croisade militaire, même s'il croit la comprendre et qu'il peut expliquer son existence au Moyen Age. Mais je souhaiterais m'inspirer de la volonté de justice et de paix qui s'est manifestée à cette époque, en dépit de la légende noire qui s'y attache encore. J'étais récemment frappé de lire, dans les instructions que Saint Louis, au milieu du XIIIᵉ siècle, a laissées avant de mourir à son fils, cette recommandation : «Ne te résigne à la guerre, même si les causes en sont justes, que lorsque tu auras épuisé tous les autres moyens pacifiques, en particulier ceux de la négociation», et il ajoute : «car la guerre est toujours cause de péchés». Traduisons dans notre langage «péché» par «crime», sans en faire disparaître l'arrière-plan religieux.

Il me paraît important de souligner deux caractères de l'histoire, qui nous fait qui nous sommes. En premier lieu, nous avons été façonnés par une histoire de longue durée qui a laissé en nous des strates successives. Si je considère les sociétés européennes – je n'ose parler au nom des autres que je ne connais pas suffisamment – je repère une ou plusieurs strates préhistoriques d'abord, et notamment néolithique, une strate antique gréco-romaine, une strate chrétienne médiévale avec les composantes juive et arabe qui ont été justement rappelées, une strate de la Renaissance, une strate des Lumières, une strate révolutionnaire, etc., pour arriver peut-être à une strate «postmoderne». Dans cette longue durée, et ceci est très important pour notre identité, se produisent des événements plus signifiants que d'autres.

Par exemple, je distingue pour la France trois de ces événements originels devenus des mythes d'origine : la conquête de la Gaule romaine par César symbolisée dans l'identité nationale par le vaincu Vercingétorix (nous sommes des Gaulois); les invasions barbares et la christianisation (nous sommes des Francs et des chrétiens); la Révolution française et sa conséquence, presque un siècle plus tard, la République (nous sommes des républicains héritiers de la Révolution). Aucune de ces origines n'est un commencement absolu. Nous devons intégrer dans notre identité individuelle et collective ce mélange de rupture et de continuité qui est un des aspects fondamentaux de notre identité historique.

Seconde caractéristique : notre héritage historique provient de la multiplicité de ses composantes ethniques et culturelles. Les Français sont faits de Celtes, de Romains, de Germains et de leurs unions, Gallo-Romains, Franco-Romains, Juifs et immigrés de toutes sortes. Nous sommes des métis.

Mais nous avons aussi des choix à faire par rapport au présent et à l'avenir. Le choix principal à l'égard du passé oppose l'accablement – ce que Hegel a appelé «le fardeau de l'histoire» – et, au contraire, l'usage de ce passé pour aller plus loin et mieux. Il convient de lutter contre les tentations d'une démission face au passé, à l'histoire; les conservatismes aveugles, les nostalgies rétrogrades sont des maladies destructrices de notre personnalité individuelle et collective.

Le passé se constitue en héritage suivant trois processus

S aint-Louis rentre en France après la septième croisade, miniature.

D'abord, les traditions. Il en est de vivantes et de mortes. Il y en a d'honorables auxquelles il faut être fidèle et de plus honteuses qu'il faut savoir congédier. L'innovation est souvent la meilleure forme de la fidélité.

Ensuite, la mémoire. Il existe une tendance aujourd'hui, au moins dans les sociétés occidentales que je connais mieux que les autres, à identifier mémoire et histoire. Ceci est grave parce que cela revient à contaminer l'histoire par l'absence de distance qui caractérise la mémoire. Le grand mérite de la mémoire, sans doute, est d'être affective. La mémoire est passion; elle est solidarité et nous avons besoin de cette permanence fidèle et affective de la mémoire. L'oubli dans lequel certains individus ou certains peuples ou communautés semblent vouloir se réfugier pour échapper à la honte d'un passé ou même encore le nier, est un crime contre cette partie de l'histoire qui doit rester comme une fidélité aux victimes et un avertissement pour l'avenir.

Mais nous devons éclairer, et au besoin corriger, la mémoire par le troisième processus d'acquisition de notre identité historique, la discipline historique. Cette histoire est faite par les historiens pour éclairer les données et les choix, pour savoir qui nous voulons être car le problème est non seulement : «Qui sommes-nous?» mais aussi «Qui voulons-nous être?» Si la responsabilité de l'historien est assez facile à définir, l'objectivité, l'esprit critique, la recherche de la vérité sont plus difficiles à mettre en œuvre. Un domaine particulièrement sensible est celui des manuels scolaires. Je souhaiterais que soit créée une instance internationale, aussi plurielle et par conséquent aussi objective que possible, qui ait le pouvoir d'attirer l'attention des gouvernements sur certains manuels scolaires contenant une falsification de l'histoire et une véritable incitation à la xénophobie quand ce n'est pas à la haine.

Nous sommes des êtres dans l'histoire, mais l'histoire n'est pas seulement le passé, elle est le présent et aussi l'avenir. Marc Bloch se préoccupait, à la fin de sa vie tragiquement interrompue, de mettre l'historien à l'étude de ce que son métier d'historien lui permettait de dire et de faire pour l'avenir. C'est le devoir de tous, un des aspects essentiels de la servitude et de la grandeur de la condition humaine.

Jacques Le Goff, historien
(France)

Être du monde «ex»

Predrag Matvejevitch se définit comme un ex-dissident venant d'ex-Yougoslavie. Or c'est toute notre époque qui se raccroche à un «monde ex», à un passé révolu dont elle ne parvient pas à se libérer. Comme si nous avions peur de façonner l'avenir et de retomber dans les pièges de l'utopie. Nietzsche ne préconisait-il pas de rester inactuel afin de se tenir prêt à accueillir «un temps à venir»? Pour Matthias Middel, l'expérience des pays est trop variable pour permettre de définir un seul monde «ex».

B erlin-ex-Est après la chute du mur, 19 novembre 1989.

Notre monde s'achève sous le signe «ex». Nous sommes confrontés à une réalité déjà achevée mais qui pourtant traîne toujours : elle est difficile à supporter, mais il est impossible de s'en affranchir. Maintes époques ont connu un état analogue, passé et présent à la fois. C'est l'un des traits dominants de la nôtre : notre post-modernité refuse les styles préexistants sans en incarner aucun.

L'après-guerre froide aura vu une partie du monde, à l'Est, vivre une existence posthume : un ex-empire, plusieurs ex-Etats et ex-pactes d'alliance entre Etats, tant d'ex-sociétés et d'ex-idéologies, d'ex-citoyennetés et d'ex-appartenances, d'ex-dissidences aussi. Le choc de l'événement a été aussi violent qu'imprévu. Les transitions, quoique mal assurées, l'emportent encore sur les transformations. Ces dernières ont du mal à s'imposer ou, lorsqu'elles se réalisent, semblent parfois grotesques. La démocratie proclamée apparaît le plus souvent sous les traits d'une «démocrature». La culture nationale se convertit aisément en idéologie de la nation et débouche sur des projets nationalistes.

Une grandiose utopie, née au cœur de l'Europe occidentale et transplantée brusquement à l'Est, a engendré bien plus qu'une faillite : les valeurs qui l'ont inspirée se sont également disqualifiées. Tout un monde, son endroit et son envers, devient un ex-monde.

Un parfum d'ancien régime

Car l'Est n'a pas un droit exclusif au statut d'ex. En Occident et ailleurs, on connaît toute une ex-gauche devenue une nouvelle droite, une vieille droite convertie au «néo-libéralisme», une ex-démocratie chrétienne divisée entre droite et gauche, une ex-social-démocratie abâtardie, sur laquelle se sont greffés des partis communistes repentis, ainsi qu'un ex-socialisme occidental qui s'est coupé de ses racines, un ex-gaullisme qui a peine à se raccrocher à son passé, toutes sortes d'ex-révisionnismes vus à présent comme une orthodoxie, voire une ligne officielle. On parlera probablement demain d'une ex-Europe précédant une Communauté et une Union européennes prenant réellement effet, reniant un vieux continent inerte et indécis, coupable à divers titres. Il y a une odeur d'ancien régime en Europe, une odeur d'infection ou d'avarie. La morale semble s'accommoder des mille et une manières de tourner casaque, prête à considérer toute rigueur comme une survivance.

Le monde ex est rempli d'héritiers sans héritage, de mythologies variées qui s'excluent l'une l'autre, rééditions du passé et du présent, images disparates, recollées à la va-vite, écrans interposés ou grilles de lecture mal appliquées, paradigmes mis en cause par leur propre définition. Les utopies et les messianismes se voient rangés parmi les accessoires d'un passé irrécupérable. Un *aggiornamento* de la foi et de la morale n'est suivi que dans des cercles limités. Une post-modernité cherche, sans trop de fortune, à s'imposer à l'art et à la pensée pour remplacer ce qui avait été acclamé naguère comme moderne. Les sources de la grande littérature, génératrice des symboles, sont taries. La vieille université ne réussit pas à se réformer. Toute une ex-culture n'arrive qu'à grand-peine à adopter la part d'innovation qu'offrent ou exigent des technologies de pointe.

On ne naît pas ex, on le devient. Tant de reniements, de remaniements du passé ou du présent sont à l'œuvre, d'auto-justifications ou d'ajustements de parcours, de manières de refaire ou de défaire, sinon sa vie, du moins son autobiographie. Certains «nouveaux intellectuels» de l'ex-Europe de l'Est, qui furent pourtant des piliers de la société d'hier, excellent dans ce jeu de récupération ou de dérobade. L'ex-appareil savoure la victoire qu'il s'approprie. La question du sens ou de la finalité de l'histoire est le dernier souci des exégètes.

La condition d'ex est plus grave qu'il n'y paraît au prime abord. Etre ex, c'est, d'une part, avoir un statut mal déterminé et, de l'autre, éprouver un sentiment de malaise. Cela concerne aussi bien les individus que les collectivités, tant leur identité que leur mode d'existence. Le phénomène est à la fois politique, social, spatial et psychologique.

Repenser toutes les idéologies : qui pourrait accomplir une telle tâche et comment? Après tant d'illusions perdues, peut-on s'y engager une fois de plus? Nietzsche se voulait «inactuel» face au présent afin de rester prêt à accueillir «un temps à venir». L'inactualité des ex d'aujourd'hui n'a trait qu'au seul passé, dont ils parviennent mal à se libérer. Comme s'ils ne voulaient accepter des projets futurs par crainte de tomber dans les pièges du passé, surtout ceux de l'utopie.

Predrag Matvejevitch, écrivain
(Ex-Yougoslavie et Croatie)

L'Allemagne de l'Est, un cas à part

Pour Matthias Middel, ex-Allemand de l'Est, né lors de la construction du mur de Berlin, la sensibilité aux problèmes «ex» varie en fonction de l'appartenance à une génération.

L'Est de l'Allemagne en 1945 était une région fortement industrialisée. Le socialisme n'avait pas là la tâche d'une modernisation brutale comme en URSS et dans d'autres pays des Balkans. Il était confronté à un milieu social-démocrate

Ci-dessus, porte Brandebourg, Berlin, janv. 1990. A droite : manifestation indépendantiste ukrainienne à Kiev, septembre 1991.

assez fort né au XIXᵉ siècle. Même si le parti social-démocrate disparaît en 1946 avec l'unification des communistes et des sociaux-démocrates, ce milieu n'a pas disparu. Cela explique pourquoi l'illusion d'une société industrielle de type XIXᵉ siècle – ou commencement du XXᵉ – a longtemps survécu en Allemagne de l'Est. Cela forme probablement encore aujourd'hui les éléments d'identité en conflit avec les concepts de post-modernité.

L'autre spécificité de ce pays me semble être qu'il ne s'agit pas d'une nation mais d'une partie d'une nation qui fut partagée en 1945, politiquement et culturellement. Je me demande, à partir de ces spécificités qui sont historiques, s'il existe une unité des situations dans les pays dits «ex-socialistes».

En Allemagne de l'Est aujourd'hui, la question de ce colloque «Qui sommes-nous?» se transforme de temps en temps en «Qui devons-nous être?» Il n'y a pas de porte-parole intellectuels ou politiques des Allemands de l'Est pour exprimer la spécificité de leur situation. C'est en effet un changement d'élite presque complet qui a lieu à la fin d'une guerre de générations. Pour moi, 1989 était une guerre de générations, gagnée encore une fois par la génération qui a cinquante-soixante ans. Les élites possibles d'Allemagne de l'Est restent majoritairement emprisonnées dans les idées d'hier, celles d'une révolution qui reprendrait les tâches de modernisation du XIXᵉ siècle.

Dans la perspective du processus de construction au sein d'une Europe unifiée et d'une certaine mondialisation, il est difficile de trouver cet Autre indispensable pour se construire. On le cherche donc dans le passé; tous les communistes, les ex-communistes, les menus peuples, les ex-menus peuples utilisent les notions du passé pour répondre à une situation actuelle. La mondialisation des relations financières, l'ouverture de quelques frontières territoriales, mais en même temps la destruction pratiquement totale des frontières par des phénomènes comme Internet, les nouvelles formes de communication : je crois que nous sommes aujourd'hui devant d'autres problèmes que l'opposition entre prolétariat et bourgeoisie. Le problème du communisme ne se pose plus. La nation avec ses frontières et ses cultures qui servent au renforcement du nationalisme n'est plus possible dans les mêmes circonstances. Sous nos yeux, se produit un changement beaucoup plus important qu'un changement politique. Il est comparable à la phase de l'industrialisation du XXᵉ siècle qui avait déjà commencé au moment de la première restauration des Bourbons. La Restauration avait vu le jour en 1825, dix ans après le retour de Louis XVIII, à un moment où les intellectuels discutaient des problèmes de la révolution de 1789.

Peut-être nous faut-il être plus sensibles à ces questions du futur qu'à celles du monde ex... Le territoire que vous avez désigné comme monde ex me semble être aujourd'hui le laboratoire de ce futur de la mondialisation. On y observe des relations de travail devenues précaires, des phénomènes de migration, des réactions fondamentalistes inspirées par la religion dans ces pays-là, la déstabilisation de l'Etat et des institutions intermédiaires, la modernisation de la communication avec toutes ses conséquences pour l'écho de la culture et aussi la mafia en tant que contre-modèle à l'Etat-nation.

Matthias Middel, historien,
université de Leipzig (Allemagne)

«Idem nec unum»

Predrag Matvejevitch convient que le monde «ex» n'est pas homogène et que l'expérience d'un «ex» n'est pas universalisable. Mais il met en garde contre un trop grand désir de spécificité.

Idem nec unum – identique mais pas unique. Evidemment, nous avons lutté pour la différence, pour le droit à la différence. Personne ne conteste cette lutte qui est toujours la nôtre, mais la mise en garde est la suivante : on a vu très souvent la particularité conçue ou présentée comme une valeur en soi; or la particularité peut être une valeur mais elle ne l'est pas toujours. Il m'est arrivé de dire dans l'ex-Yougoslavie en grinçant des dents : «Mais l'anthropophagie est aussi une particularité, est-ce une valeur?» Et cette tendance des idéologies, des cultures nationales à donner à toutes les particularités le statut de valeurs est d'un danger extraordinaire. La particularité pourrait donc être une valeur mais elle n'est pas une valeur en soi, elle n'est pas surtout une valeur *a priori*. Toutes les fois que l'on prend des particularités *a priori* comme des valeurs en soi, se produit ce glissement des particularités au particularisme. Nous voyons des tribalismes, des fondamentalismes, des intégrismes et tant d'autres «ismes» dangereux. Ceci concerne même le droit à la différence, grande acquisition de notre siècle. Il y a un degré où la différence détruit la solidarité. Nous avons été témoins qu'au nom de la différence, on fait l'épuration de ce qui est différent. Je pense à l'épuration ethnique, entre autres.

Predrag Matvejevitch

Immigrés entre deux mondes

Deux expériences personnelles se rencontrent. Celle d'Hamid Salmi, lui-même migrant, qui décrit sa pratique d'ethno-psychiatre soignant les souffrances psychiques des déracinés. Celle d'Ehsan Naraghi, qui raconte son itinéraire d'homme résolument moderne n'ayant jamais rejeté ce que la tradition iranienne enseigne du cœur humain. Face à l'intégrisme, seul l'apprentissage de l'écoute d'autrui permettra, selon lui, d'échapper à l'exaspération réciproque.

Écoliers dans les rues de Toulouse.

Je suis né dans un village de Kabylie. J'y ai vécu jusqu'à l'âge de cinq ans avant d'être propulsé dans un autre monde. C'était la première fois que je humais l'odeur des essences de voitures, que je découvrais de grands immeubles verticaux et la route goudronnée... Cette brusque projection dans un autre monde est une des caractéristiques du migrant qui abandonne tout un univers de sensations, d'odeurs, de mots, pour renaître une seconde fois. A l'école j'ai pris contact avec la langue française, tandis que je côtoyais l'arabe parlé dans la rue. Plus tard, à l'indépendance, j'ai découvert l'arabe classique à l'école.

Mon père étant illettré, je lui apprenais ce que l'on m'enseignait à l'école. J'avais très peur de perdre le lien que j'entretenais avec lui : nous vivions dorénavant dans un village arabophone, cela fragilisait ce qui nous constituait en tant que kabyles. J'avais, en effet, peur d'oublier le kabyle, donc je m'exerçais à lui parler dans cette langue.

Cherchant à tout prix des médiations entre les «mondes», entre la culture vécue et la culture savante, en tant que psychothérapeute, je me suis tourné vers Georges Devereux qui s'intéressait aux techniques de guérison traditionnelles et modernes. Puis j'ai suivi son disciple Tobie Nathan qui a créé un cadre clinique pour soigner des patients migrants. C'est ainsi que s'est mis en place un groupe de cothérapeutes avec un animateur et un interprète. Nous recréons donc un cadre qui permet au patient de retrouver l'ambiance et les structures traditionnelles, sachant que le symptôme est toujours codifié selon la culture d'origine. Ce symptôme est un appel à une technique de guérison spécifique. Prenons l'exemple d'un Maghrébin qui aurait les pieds froids, le front chaud, qui vomirait, aurait des fourmillements : ce syndrome est caractéristique d'une possession et appellerait une guérison par la transe. En réalité, si la bonne santé donne l'impression aux gens qu'ils sont «universels», la maladie les ramène à la culture qui leur a donné naissance.

Lors de la migration, une dislocation s'opère entre les cadres culturels externe et interne; il devient alors difficile de décrypter les événements qui se déroulent dans un milieu étranger. Comment est-il possible de rester soi-même quand tout change autour de soi? Le cadre culturel interne du migrant (son monde d'origine), ne s'appuyant plus sur la culture extérieure, commence alors à s'étioler. A ce moment surgissent les symptômes, parfois 15 à 20 ans après son arrivée dans le pays d'accueil. D'où l'importance du rôle de l'interprète dans notre groupe, qui saisit les connotations de chaque mot, sachant qu'il n'y a pas d'équivalence terme à terme d'une langue à l'autre. Ainsi le lien entre les deux cadres culturels reprend vie.

Coupé de son ombre

Comment entrer en contact avec l'univers de quelqu'un sans prendre en compte sa langue? A l'occasion d'une consultation, l'interprète nous traduit les propos d'un bambara du Mali.

– Il dit qu'il a été effrayé.
– Effrayé? insiste le thérapeute. Mais c'est quoi le mot pour «effrayé»?
– «Ja tigé», me répond-il.
– C'est quoi «ja tigé», c'est un seul mot?
– Ah! c'est vrai, convient-il. C'est deux mots. C'est «ja» qui veut dire ombre et «tigé» qui veut dire couper.

Le patient signifiait que son ombre était coupée. Il avait perdu son double, son placenta, ou son jumeau visible ou invisible. Cela n'a peu de rapport avec ce que signifie la frayeur en langue française.

Où serai-je enterré?

C'est grâce aux mots que l'on entre dans la profondeur d'une culture, mais aussi par l'intermédiaire d'un système de parenté et de filiation. Comment un père maghrébin se représente-t-il le fait que son fils – *a fortiori* sa fille – le dépasse ou lui soit égal en droit? Pour lui, c'est le monde à l'envers. Il n'est pas envisageable de prendre la place du père, à moins qu'il ne disparaisse. L'absence de représentations de l'ancêtre rend plus violents les rapports entre le père et son enfant. Les lieux représentatifs des ancêtres sont l'assemblée du village, le mausolée et, par excellence, le cimetière. Pour un migrant, la question cruciale portera sur le lieu de son enterrement.

Ritualiser l'approche

Le cadre moderne dans lequel nous vivons est un monde à univers unique. L'espace mythique et les êtres surnaturels qui l'habitent ont été relégués à certaines zones rurales. Etablir des ponts entre les cultures, c'est réintroduire un monde à univers multiples. Dans un sens, réinstaurer un lien humain avec un autre être ne consiste pas à penser *a priori* l'humanité de l'autre – en lui imposant un code culturel d'humanité – mais implique d'entrer dans un processus d'humanisation progressive, réciproque. L'humanité n'est pas donnée d'emblée. Historiquement, toutes les ethnies ont défini les groupes avec lesquels elles sont en guerre et ceux avec lesquels elles peuvent avoir des alliances. De plus, elles se sont donné pour nom générique «les hommes», les autres étant considérés comme des sauvages, des êtres surnaturels, bénéfiques ou maléfiques, ou des animaux. La rencontre de deux individus, comme celle de deux groupes requiert plus que jamais l'établissement d'un pacte d'humanisation dans le respect des différences.

Hamid Salmi, psychothérapeute
(Algérie)

Ehsan Naraghi raconte sa propre histoire.

Tradition et modernité

Je suis né à Kachan, ville située au centre de l'Iran qui fut, durant des siècles, un haut lieu de l'enseignement religieux. Deux de mes ancêtres, Mahdi et son fils aîné Ahamad, furent au XVIIIe siècle les plus grands théologiens de leur temps. Le premier fut en outre un mathématicien et philosophe averti et le second un grand poète mystique. Mon père réunissait avec amour leurs manuscrits puis il les publia.

Parallèlement à ses études de théologie, mon père fréquenta à Téhéran l'Ecole de l'Alliance française, épousa ma mère, une fille de l'aristocratie, qui avait étudié dans une école fondée par des missionnaires américains. Ensemble, ils créèrent à Kachan une école de jeunes filles qu'ils installèrent dans une mosquée-madrasa, dont la gérance appartenait à ma famille. Cette mosquée renferme aussi le mausolée de ma famille, où j'ai enterré il y a cinq ans mon père, et où mon tombeau m'attend.

Ainsi, je n'ai jamais été déchiré, comme d'autres personnes de ma génération, par l'antagonisme entre tradition et modernité, entre les fondements de la civilisation iranienne et l'Occident. Mon père nous parlait avec une admiration égale tant des vertus morales de ses ancêtres, de l'histoire de l'Iran, des grands penseurs iraniens, que de ceux d'Occident comme Voltaire, Rousseau, Racine et Descartes.

En quittant l'Iran pour étudier en Europe, j'étais très séduit par certaines méthodes d'analyse et d'observation objective qui avaient cours en Occident. Les hommes de pensée qui m'ont le plus inspiré en Occident sont ceux qui ressentaient la même attirance pour une synthèse des deux mondes. Parmi eux, Jean Piaget par exemple introduisait toujours des théories opposées pour illustrer un concept, avant de choisir une voie médiane. Néanmoins je ne voyais toujours pas de grande différence entre nos deux mondes. Au contraire, je voyais beaucoup de similitude.

Si la civilisation occidentale a remporté d'indéniables succès, elle comporte également des aspects négatifs dont le moindre n'est pas la violence des rapports humains que caractérisent le matérialisme, l'individualisme, la rupture des liens familiaux, le vacarme des villes, l'argent qui s'est substitué à toutes les autres valeurs, la publicité conçue pour inciter à la consommation et au gaspillage et, d'une manière générale, le mépris dans lequel sont tenus les véritables intérêts humains.

Le génie iranien

Tout au long de l'histoire musulmane, les Persans ont vécu avec leur personnalité propre. Dans le domaine de l'esprit et de la recherche intellectuelle, ils se sont comportés suivant les mêmes normes que le reste de la communauté musulmane, tandis que sur le plan de la vie affective et esthétique, ils ont vécu dans un monde différent. Avicenne, qui demeura durant des siècles le maître incontesté d'une médecine philosophique et psycho-logique sans précédent, produisit ses traités de philosophie et de médecine en arabe, et composait, en persan, ses poèmes dans lesquels il disait modestement : «Mille soleils ont brillé dans mon esprit, sans que je n'aie jamais pu parvenir à percer le mystère d'une seule parcelle de l'univers.»

Plus que par l'aspect légaliste et utilitaire de l'Islam, les mystiques iraniens ont été attirés par un autre aspect du message qui s'adresse plus particulièrement à la conscience de l'homme. Le génie iranien s'est épanoui dans cette pensée mystique qui a alimenté toute une littérature et une poésie parmi les plus brillantes du monde.

L'élite occidentalisée sous le Shah n'était pas consciente des fondements religieux des Iraniens musulmans et de leur propre personnalité. Elle visait à moderniser une masse homogène sans distinguer ses particularités. Nous voyons aujourd'hui dans maints domaines de la vie des individus et des sociétés combien les dangers nés de l'incompréhension et de l'ignorance réciproque sont présents sur notre temps. Aujourd'hui, toutes les tragédies nationales, qui souvent débordent les frontières, sont nées du refus d'entendre l'autre.

Ehsan Naraghi, sociologue (Iran)

Une personne dans le public interroge Hamid Salmi sur les difficultés particulières qu'éprouvent les jeunes immigrés à concilier ce qu'ils apprennent à l'école avec la culture de leur famille.

Mes différentes expériences m'ont amené à constater que les enfants de migrants connaissent parfois des échecs à l'école. Paradoxalement, cela est dû parfois au fait qu'ils savent trop de choses. Pour un enfant appartenant à une caste de griots mémorisant une somme fantastique de mythes sur la lignée de ses ancêtres, l'école semble être perçue comme la «gueule du loup» où il risque de tout perdre. Il préfère alors échouer

d'emblée. Le système pédagogique s'exprime dans une langue instrumentale et univoque. A l'opposé, le système initiatique emploie une langue hermétique et contextuelle. Les choses y sont dites au moment adéquat, et non de manière systématique. De plus, elles sont polysémiques et métaphoriques; porteuses de sens sur la vie, le monde, l'être. C'est ainsi que dans chaque communauté sont racontées des histoires portant sur les origines du monde.

Deux systèmes différents

Le système scientifique apparaît comme producteur de pseudo-mythes. Enoncer sa descendance à partir du singe ne permet pas une construction mythique : cela ne reste qu'une hypothèse réfutable. Concevoir sa lignée en rapport avec Adam et Eve ne change rien *a priori* : cela a un impact sur la structuration de l'être. Les mythes, quant à eux, ont pour fonction de constituer une clôture, de délimiter une appartenance. La science, en revanche, est constamment ouverte vers l'inconnu et peut agir comme une menace de dissolution. Quand un enfant s'aperçoit qu'il est en train de se dissoudre pour devenir un humain tout court, il a peur. Il veut appartenir à un groupe enraciné. Sans cela, il risque ultérieurement de fabriquer des groupes aussi factices que violents autour de la toxicomanie, de la délinquance, d'un radicalisme religieux ou idéologique.

Au Maghreb, le terme *hidjab* désigne aussi bien le voile que l'amulette. Personnellement, je préfère l'amulette que l'on met «sous la peau» au voile que l'on porte sur la peau. L'apparition du *hidjab-voile* dévoile la dislocation des structures culturelles profondes, à savoir du *hidjab-talisman*.

Hamid Salmi

Enfants, adolescents : qui devenir?

La fréquentation par le pédiatre des enfants et des adolescents oblige à refaire en permanence le voyage de l'enfance à l'âge adulte. Mais la question «Qui sommes-nous?», demande Carpuat-Ly, n'est-elle pas celle qui nous accompagne jusqu'à l'heure de notre mort? Denise Bombardier, à son tour, explique comment des bouleversements culturels peuvent aboutir à la déconstruction de tout critère d'identité.

Ci-dessus et page 80, *La Mémoire*, réalisation de l'atelier d'arts plastiques du lycée Claude Monet, Paris.

Histoire d'Aurélie

Pendant longtemps, nous avons considéré les nouveau-nés et les nourrissons comme des êtres immatures tant sur le plan biologique que sur le plan psychique et relationnel. L'histoire que je vais vous relater nous éclaire bien différemment.

On m'appelle à la maternité pour un nouveau-né de trois jours; il refuse de téter, maigrit beaucoup et reste la plupart du temps les yeux fermés, même en dehors des périodes de sommeil. En entrant dans la chambre, je vois une maman pâle, triste, fermée, le regard dans le vide; son bébé est recroquevillé dans ses bras, les yeux fermés comme pour éviter de les ouvrir sur le monde.

La sage-femme m'informe que la grossesse s'est déroulée sans incident, l'accouchement par les voies naturelles, et qu'à la naissance, le bébé était en parfaite santé selon les normes et critères médicaux. Elle ajoute que la naissance d'Aurélie était très attendue car il y avait eu le décès d'un petit garçon, Stéphane, à l'âge de deux mois par mort subite du nourrisson...

Je me suis surprise à installer le visage d'Aurélie face au mien et à lui dire : «Tu sais Aurélie, je crois que ta maman t'a portée dans son ventre jusqu'à ce que tu sois belle et forte pour naître; mais ton papa et ta maman ont encore trop de peine; ta présence leur fait penser à ton frère Stéphane qui est mort. Laisse-leur un peu de temps et ils pourront te dire qu'ils t'aiment, toi aussi...»

Aurélie ouvre les yeux, plonge son regard dans le mien, répondant avec force à mes paroles et à mon défi inconscient. La maman alors en pleurs accepte enfin de parler : «Bien sûr que nous l'aimons, bien sûr qu'elle est ma petite fille, mais on ne peut pas s'empêcher de penser à son frère... et moi cela me fend le cœur et le ventre quand son père l'embrasse et lui murmure : "mon petit garçon"». La maman me reprend Aurélie, la met au sein et l'enfant se met à téter, mère-fille liées l'une à l'autre.

Au bout d'un mois et demi, je revois en urgence Aurélie pour des crises de douleurs abdominales et de vomissements. Le bilan médical clinique et paraclinique effectué à l'hôpital est normal. Après 24 heures d'alimentation parentérale, Aurélie ne souffre plus et reprend ses biberons. Aurélie ne nous dit-elle pas, de nouveau, quelque chose? La maman répond : «Pourtant, je lui parle comme vous l'avez fait à l'hôpital... j'ai vu qu'elle comprenait tout... je lui parle tous les jours de son frère Stéphane... de ce qu'il faisait au même âge... elle va avoir deux mois et sera bientôt plus grande que son frère... d'ailleurs depuis quelque temps, j'ai moins besoin de lui parler du passé...»

Les douleurs étaient présentes tant que la mère parlait de l'enfant qui allait mourir; la petite fille n'allait pas bien... et elle avait mal. Quand elle a dépassé l'âge de la mort de son frère, elle allait mieux, pouvait devenir un autre enfant et grandir. On peut s'étonner que l'enfant interagisse déjà avec les autres humains. Le tout-petit en se posant la question «Qui suis-je?» permet aux parents de se poser simultanément la même question. Et la réponse de l'enfant, formulée de façon implicite ou explicite : «Je suis ton enfant, je suis votre enfant» renvoie les parents à la découverte d'une place parentale, «Je suis père, je suis mère...»

Qui suis-je? Qui es-tu? Qui sommes-nous?

Le docteur Carpuat-Ly décrit sa pratique actuelle en Bigorre, ou «comment soigner les enfants dans leur corps, tout en écoutant leurs préoccupations et leur désir de se construire».

Souvent, au début de la consultation, je leur demande : «Qui es-tu, et pourquoi tu viens me voir?» Voici quelques réponses : «Je suis Thomas, j'ai quatre ans, je suis un petit garçon, je viens de Campan» ou «Je suis Camille, je suis une petite fille de sept ans, je suis de la famille X». «Je suis un petit garçon» ou «Je suis une petite fille» permet aux enfants de s'identifier au parent du même sexe et devient : «Je suis comme mon père» ou «Je suis comme ma mère».

Cet appui identificatoire parental leur permet de s'inscrire dans l'appartenance à une famille, à une lignée mais aussi à un village, à un groupe social : en Bigorre, souvent les gens se présentaient par le nom du lieu de leur habitation et non par leur nom de famille. Le «Qui suis-je?» est immédiatement renvoyé au «Qui sommes-nous?»

Ainsi, il est important pour moi de pratiquer une médecine non pas restreinte à l'individu mais une médecine élargie aux familles. Thomas ou Camille, après les conflits œdipiens, se tournent vers des occupations extra-familiales : écoles et apprentissages scolaires, activités sportives et artistiques. Rassurés sur leur identité et leur appartenance au groupe familial, ils recherchent des amis du même âge et s'identifient au groupe de pairs.

Le «Qui suis-je?» de la quête d'identité cède sa place au «Qui sommes-nous?» de la quête d'appartenance sociale.

Qu'est-ce donc, se demande Madame Carpuat-Ly, que l'adolescence pour mobiliser ainsi tant de monde : les médias, les thèses de recherche, la médecine. Toutes les interrogations ne sont-elles pas déjà présentes depuis longtemps?

L'adolescence ou la douleur d'être

Les transformations physiques et les caractères sexuels modifient le rapport de l'adolescent au temps. On ne peut plus revenir en arrière. L'avenir n'est plus ce temps affectif du désir et de sa satisfaction, comme dans la petite enfance. Il est constitué d'un présent et d'un passé : d'un présent plein de possibles grâce aux capacités sexuelles, aux capacités intellectuelles et cognitives nouvelles, mais aussi d'un passé définitivement perdu, mais intériorisé.

C'est le moment des angoisses existentielles. Qu'est-ce que vivre? Pourquoi vit-on puisque l'on doit mourir? Il faut apprendre à chercher des réponses tout seul, à accepter les incertitudes, à apprendre la solitude de l'être humain, à vivre avec le vide, le manque. Fragilisé, l'adolescent endosse des panoplies, des prêt-à-porter de pensées et de modes de vie et s'identifie à des groupes de pairs. L'adolescence ne se vit pas seul, même si l'on se sent seul. Les parents sont occupés à faire le deuil de leur enfant imaginaire. Ils viennent à peine de se séparer de leurs identifications parentales que la crise de leur enfant les replonge dans l'insécurité, dans la perte définitive de leur jeunesse, dans le risque de devenir grands-parents, de se rapprocher ainsi de leur propre mort. Vivre quotidiennement avec les enfants et les adolescents soulève des émois conscients et inconscients qui laissent percevoir le fait de vieillir, de mourir.

Qui suis-je? Qui es-tu? Qui sommes-nous? N'est-ce pas encore l'ultime question que se pose l'homme au moment de sa mort?

Thanh Lang Carpuat-Ly, pédiatre
(France-Viêtnam)

Qui sommes-nous, les Québécois?

La société québécoise est une société où l'identité est un problème. Un exemple : ma grand-mère disait : «Je suis canadienne», voulant dire par là qu'elle était de langue française, les autres étant «les Anglais». Ma mère disait : «Je suis canadienne-française» parce qu'une évolution avait eu lieu et elle faisait la distinction entre les Canadiens anglais et les Canadiens français. Petite, j'étais moi aussi canadienne-française. Adolescente, je me suis retrouvée québécoise. Vous avez dans cette évolution une partie de l'histoire politique du Québec.

Mais j'étais aussi catholique, ma grand-mère était catholique, ma mère l'était, et je l'étais. Dans les années soixante, le taux de pratique religieuse tournait au Québec autour de 80%. Quinze ans après, il n'était plus que de 40% et il se situe aujourd'hui autour de 15%. Nous avons donc été déchristianisés plus rapidement que dans aucune autre société. Nous étions dans une sorte d'euphorie, d'enthousiasme de changement; nous avons d'ailleurs appelé cela «la révolution tranquille».

Nous vivons dans une société qui a été tellement bousculée que le désarroi y est palpable. Je ne peux vous donner la prochaine statistique sans émotion : c'est au Québec que le taux de suicide chez les jeunes garçons de quinze à vingt-cinq ans est le plus élevé au monde.

Garçons et filles; parents et enfants

Le Québec est, à mon avis, une société matriarcale, c'est un matriarcat psycho-logique. Le problème identitaire se pose différemment pour les garçons et les filles. Cela s'explique en partie parce que les femmes étaient plus instruites que les hommes dans le passé.

Il existe donc un problème d'identité entre les garçons et les filles, et il est évident que le désarroi est plus présent chez les garçons, d'autant plus que, dans notre société, le mouvement féministe a été très fort. Les petites filles sont particulièrement valorisées dans le système scolaire. Que leur dit-on? «Tu peux faire tout ce que ta mère a fait, et tu peux faire tout ce que ton père a fait.» Et que dit-on aux petits garçons? «Il ne faut surtout pas que tu fasses comme ton père.»

Une mode s'est développée à un moment donné où tous les parents qui se disaient progressistes se faisaient appeler par leur prénom par leurs enfants. C'était une façon pour eux de ne pas assurer leur rôle de parents. Ce refus de la distance générationnelle pose un problème énorme à nos jeunes. Ils se retrouvent sans valeurs parce que nous avons refusé de transmettre les valeurs qui étaient les nôtres, des valeurs certes anciennes, mais à travers lesquelles, tout de même, nous arrivions à trouver une identité. Les jeunes sont en quelque sorte victimes de cette difficulté de s'identifier aux adultes. Les vieillards aussi ont un problème d'identité parce que plus rien de ce qu'ils ont connu n'existe encore.

Nous sommes allés trop loin

A travers tout cela, bien sûr, on assiste à la rupture de la famille telle qu'on l'a connue. Au fond, nous avons été bien légers, parce que nous avons joué avec ce que nous pouvons appeler «notre souterrain». Il est évident que quand nous disions que nous étions canadiens-français catholiques, c'étaient les deux mamelles de notre identité, c'était rassurant, sécurisant, et cela nous permettait de nous affirmer dans ce grand contexte nord-américain anglophone. Cela nous a permis de survivre. Je ne dis pas qu'il fallait rester comme cela, je ne suis pas nostalgique d'un passé qui n'existe plus. Cependant nous sommes assurément la preuve que les gens ne peuvent pas changer à un rythme aussi effréné que celui que nous connaissons depuis trente ans. Aujourd'hui nous faisons le décompte de nos blessés et de nos blessures. Ceux qui ont été les initiateurs de ces changements, ceux-là mêmes viennent à présent publiquement dire : «Nous sommes allés trop loin.»

Denise Bombardier, écrivain (Canada)

Les mythes de l'origine

Le métier de paléontologue consiste à exhumer des restes dans le but de pouvoir construire une histoire plausible de l'humanité. Brigitte Senut raconte l'histoire de l'humanité comme un mythe auquel on croit. Tanella Boni-Koné s'interroge en philosophe au sujet de cette histoire vraisemblable qui nous relie à une origine commune, une histoire qui est à la fois celle du «je» et du «nous».

L'*homo erectus* exposé à Paris en 1900.

Le mythe du «chaînon manquant»

Dès l'Antiquité, les chercheurs, philosophes et poètes grecs avaient pris conscience que les formes pouvaient changer; Aristote reconnaît ainsi une hiérarchie dans les espèces de l'animal à l'homme. Il y a une finalité, on passe du désordre à l'ordre, de l'infini au fini. Plus tard, des Latins comme Lucrèce (*De Natura Rerum*) considèrent une modification importante de l'homme. Au XIXe siècle, avec l'évolution de la géologie, de l'idée de stratigraphie et donc de chronologie, le lien établi entre des pierres taillées en outils et des fossiles d'hommes anciens rend de plus en plus acceptable l'hypothèse d'un homme préhistorique. Pour les naturalistes du XVIIIe siècle déjà (Buffon, Linné), l'homme partage son passé avec les animaux, appartient à un règne animal et n'est pas libéré de ce dernier. C'est à Buffon que nous devons la première hypothèse d'une origine ancienne de l'homme.

Au début du XIXe siècle apparaît la notion d'un véritable transformisme – notamment Lamarck, qui propose dans sa *Philosophie zoologique* de 1809 la première mention scientifique de l'évolution d'un être quadrumane simiesque vers un être bipède humain. En 1859, *L'Origine des espèces par voie de sélection naturelle* de Darwin est une véritable bombe scientifique.

L'homme n'est plus le maître de la nature mais il fait partie intégrante de celle-ci; il n'est plus le produit d'une création divine mais d'une histoire réglée par les lois de la nature, comme celle des animaux. En 1871, Darwin émettait l'hypothèse d'un passage du singe à l'homme. Cette idée n'est pas à confondre avec le mythe du «chaînon manquant» (et retrouvé) prétendant que notre ancêtre direct serait un singe comme le chimpanzé, car celui-ci, ainsi que les hommes, a évolué de son côté.

Parallèlement, se développent les travaux d'embryologie, dont l'*Histoire de la création des êtres organisés d'après les lois naturelles* de 1868, qui constate les ressemblances entre les fœtus de gibbon (grand singe asiatique) et de l'homme, et répand l'idée d'un continent aujourd'hui disparu (la Lémurie) situé au sud de l'Inde, qui serait l'origine d'un homme-singe ancêtre de l'homme. Les découvertes à Java du médecin E. Dubois allaient supporter la théorie de l'Asie comme berceau de l'humanité. Le mythe d'un être mi-homme, mi-singe redressé mettra longtemps à disparaître.

L'Afrique, nouveau berceau de l'humanité

On aborde le XXᵉ siècle avec des idées préconçues d'un ancêtre asiatique, à grand cerveau, dents simiesques, marchant sur deux pattes. En 1925, Dart remet en cause ce dogmatisme par sa description du premier crâne d'Australopithèque découvert en 1924 à Bophuthatswana, suggérant que les ancêtres de l'homme avaient vécu en Afrique, qu'ils n'étaient pas parfaitement redressés, qu'ils auraient un cerveau petit et des dents plus humaines que prévu. Cette théorie, d'abord contestée, ne sera acceptée qu'après la découverte

d'un autre crâne d'Australopithèque adulte découvert en 1936, déplaçant ainsi le berceau de l'humanité de l'Asie à l'Afrique. Ces acquis donnèrent l'impulsion aux grandes explorations de toutes les régions africaines, voire à une véritable «ruée vers l'os» en Afrique de l'Est depuis le début des années 70.

Avec l'évolution des idées et les développements des travaux d'anatomie, de paléontologie, mais aussi de biologie moléculaire, il apparaissait clairement que les plus proches parents de l'homme sont les grands singes africains, peut-être les chimpanzés. La découverte d'un grand singe fossile est donc aussi importante que celle d'un homme fossile. Mais plus on se rapproche de l'ancêtre humain, plus les caractères sont indifférenciés et donc plus difficiles à isoler.

Les travaux sur le dimorphisme sexuel menés dans les années 80 ont montré que tous les primates placés sur la lignée humaine étaient des spécimens femelles et ceux placés dans l'ascendance des grands singes étaient mâles (la variation de taille liée au sexe étant très importante pour les grands singes). En outre, des espèces comme les Kenyapithèques et les Ramapithèques n'étaient connues que par des fragments de mâchoires, et la découverte de mâchoires entières dans les années 70 a montré que certains «mythes» scientifiques sur des traits caractéristiques de classification étaient erronés, réfutant ainsi l'existence hypothétique d'un Ramapithèque africain qui aurait reculé l'ancienneté de l'homme jusqu'à 15 millions d'années. Aujourd'hui, même le «mythe de l'outil» comme caractéristique humaine a été réfuté avec l'observation que les chimpanzés, s'ils ne manufacturent pas des outils de pierre, peuvent utiliser des galets.

Que penser de notre berceau aujourd'hui?

Selon l'hypothèse écogéographique d'Yves Coppens, les ancêtres des grands singes et des hominidés qui peuplaient l'Afrique aux alentours de 15 millions d'années avant notre ère auraient été isolés par la grande faille est-africaine vers 8 millions : ceux répartis vers l'ouest, confinés à un milieu forestier, auraient donné naissance aux grands singes africains, et ceux isolés à l'est auraient évolué dans un milieu plus sec vers les hominidés qui se seraient ensuite répandus à travers l'Afrique et peut-être même l'Ancien Monde. Mais quel que soit le scénario retenu, il reste que l'homme fait partie d'un écosystème dans lequel et avec lequel il a évolué, et traiter aujourd'hui du berceau de l'homme sans prendre en compte le milieu revient à nier les données de l'histoire naturelle de l'homme.

Il est clair que ces scénarios restent provisoires. Seules les recherches pluri-disciplinaires des géologues, des anatomistes et des biologistes dans les pays nouveaux permettront de faire tomber des mythes et de construire un cadre plus précis de notre ancêtre et de ses conditions de vie; sans oublier que nous aussi, scientifiques de la fin du XXe siècle, sommes influencés par notre milieu et que nos scénarios sont appelés à être modifiés.

Brigitte Senut, paléontologue, Muséum National d'Histoire Naturelle, Paris (France)

Tanella Boni-Koné repère dans le propos de Brigitte Senut le point susceptible d'éveiller le questionnement philosophique : Comment passe-t-on de l'hominisation à l'humanisation?

D'où venons-nous?

La question qui m'intéresse se formule comme suit : qu'est-ce qui fait de l'homme un être véritablement humain? La question «Qui sommes-nous?» en soulève deux autres, concernant l'origine et les fins de l'homme.

L'Afrique berceau de l'humanité est à la fois un lieu géographique, historique mais aussi mythique. Quoi qu'il en soit, la paléontologie, contre les théoriciens de l'Afrique sans histoire, a déjà fait entrer ce continent dans l'Histoire.

Du point de vue géographique, les découvertes sont localisées en Afrique de l'Est et centrale, parfois en Afrique du Sud. A partir du moment où un lieu est choisi, où une découverte est faite, le mythe s'installe au cœur de l'histoire de l'humanité, à cause du discours qui accompagne chaque découverte. De la même manière que Lucy, exhumé(e) en 1973, a excité les imaginations, de la même manière, en 1995, on lui a trouvé un compagnon qui, curieusement, s'appelle Abel. Tout se passe comme si, par-delà la langue spécialisée, pour désigner le genre et l'espèce, le paléontologue avait besoin de dire à chacun de nous le nom propre de chaque ancêtre. Abel par opposition à Caïn? Est-ce en référence au personnage des Écritures?

Une autre question surgit. Comment appréhender le temps qui nous sépare de nos ancêtres? Ces questions ont été débattues par les philosophes. Chez Aristote par exemple, la marche vers l'hominisation est une marche de l'intelligence. Le philosophe a établi une échelle des vies dont l'homme est le point final et le plus intelligent. Il s'appuie sur un certain nombre de critères dont la station droite, l'utilisation d'outils – celle de la main, l'outil par excellence.

Déjà, au cœur de la philosophie, s'installent toutes sortes de mythes. Dans *La Génération des animaux*, Aristote affirme que la femme arrive dans l'histoire comme une catastrophe. Le paléontologue du XXe siècle ne s'attendait-il pas, lui aussi, à ce que le crâne le plus ancien fût celui d'un mâle?

Sur le terrain des mythes de l'origine, on peut se demander si l'homme s'est réellement détaché de l'animal. L'homme est minéral, végétal, animal et humain. Ici, toutes les croyances en une sympathie universelle, les religions animistes, la vision d'un monde dans lequel l'espace et le temps sont hétérogènes, sacrés et profanes, permettraient de dire que l'homme est homme dans la mesure où il est d'abord relié à une origine à laquelle il remonte par un temps cyclique, où il s'intègre à un Tout dans lequel il cherche sa place. Si l'homme est capable de «faire le Dieu» (Aristote, *Ethique à Nicomaque*), n'est-ce pas parce qu'il ne vient pas de ce lieu profane dans lequel nous nous mouvons quotidiennement?

Le discours scientifique et le discours philosophique à propos de l'origine de l'homme croisent quelques mythes. La recherche du lieu de notre origine, devenue quête du sens, acquiert une dimension interdisciplinaire.

Où allons-nous?

Si le «où» de la question indique une direction ou un lieu, la question elle-

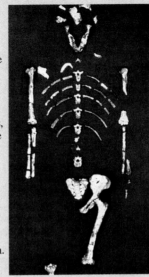

Le squelette de Lucy.

même renvoie plutôt à la quête du sens de notre propre itinéraire. En tant qu'espèce, l'homme subira-t-il le même sort que les dinosaures? D'autres sciences annoncent de grands bouleversements climatiques. Une menace réelle pèse sur l'avenir de l'humanité. Le discours scientifique, malgré quelques accents pathétiques annonçant l'Apocalypse, prévient du danger qui nous guette, nous place devant nos responsabilités.

Qui sommes-nous?

La question métaphysique de l'être resurgit. Le verbe «sommes» de la question «Qui sommes-nous?» est une ouverture qui attend indéfiniment que chacun lui attribue un sujet dont nous savons si peu de chose. Le «qui» de la question appelle un nom propre. Qui ose le porter? Chaque science répondra à la question : «Que sommes-nous?» Qui? est une question de responsabilité et de liberté. C'est une question éthique et éminemment politique. Nous? Un nom propre? Il faut avoir l'audace de le dire, car malgré le poids de l'Histoire et l'apport incontournable des sciences, malgré l'omniprésence des mythes en cette fin de siècle, la seule issue qu'il nous reste est de nous proclamer différents des choses.

Tanella Boni-Koné, philosophe et écrivain, université d'Abidjan (Côte-d'Ivoire)

Albert Jacquard

Lucien Sève

Yves Schwartz

Gilles Châtelet

Gaston Kaboré

Irving Singer

Masayuki Sato

Babacar Fall

Philippe Pelen

Gaston-Paul Effa

Pour nous réinventer

La question «Qui sommes-nous?» suscite aussi des représentations. Et celles-ci se détachent de nous, vivent d'une vie particulière. Nous aimons contempler de loin l'image de ce que nous sommes, de ce que nous aimerions être, comme si cette distance nous était nécessaire; comme si nous devions nous devenir étrangers pour maîtriser notre destin.

La littérature, le cinéma appartiennent à ces exercices d'accommodement par lesquels les peuples se reconnaissent eux-mêmes et se reconnaissent entre eux.

Comment se forment ces représentations, de nous-mêmes comme des autres? Notre conscience de nous-mêmes, non comme celle d'une foule sans visage mais comme celle d'un ensemble de personnes, paraît se construire et se conquérir à travers un rapport à l'autre. La génétique peut révéler ce qui est nécessaire à l'apparition de tel individu, mais seul l'autre s'adressant à moi comme à un «tu» fera de moi quelqu'un.

A l'époque moderne, c'est dans le travail que naissent les représentations de soi, des autres, du lien social. Rapport à l'autre, rapport au monde et à la matière, et surtout rapport au temps sans lequel rien ne se fait, le travail cristallise le sens de la condition humaine.

Pourtant, puisque le travail n'épuise pas la nature de l'homme, quelque chose de cette condition échappera toujours à l'univers social. Ce reste de l'homme, la légende, le conte, la représentation théâtrale le décrivent moins qu'elles ne l'illustrent, donnant une vie propre à ce qui nous fait être.

De l'individu à la personne

Nous sommes des organismes vivants, unités biologiques individuelles, constituées de molécules et d'atomes. Cependant, souligne Albert Jacquard, notre conscience d'appartenir à une communauté nous vient grâce au rapport à autrui, qui a le pouvoir de faire émerger un «je» parce qu'il s'adresse à moi en disant «tu». Si l'analyse génétique révèle ce qui est nécessaire à l'apparition d'un individu, seul le collectif donne sa dignité à la personne. Lucien Sève s'arrête sur la définition de quelques mots-clés, celle de personne ou celle de dignité.

Tennis : compétition ou émulation?

La vie dans un Univers d'interactions

Que suis-je? Quand j'étais petit, on me répondait : une âme et un corps. Cette façon de me couper en deux était très déplaisante. Je vous propose un cheminement qui me permettra de me réunifier autour de mon corps, de mon individu, sans pour autant perdre de dignité.

Prenons comme point de départ la découverte de l'ADN, en 1953. On a compris pour la première fois que tout ce qui se développait à l'intérieur d'un organisme dit vivant était le résultat d'informations inscrites sur ces morceaux d'ADN, les chromosomes. Le changement a été complet; depuis, c'est le concept même de la vie qui peut disparaître. En fait, on peut expliquer ce que je suis en tant que corps par un cheminement de l'Univers depuis son origine. On sait que quelque temps après le Big Bang, l'Univers était presque homogène, mais qu'il était mu par les interactions de ses éléments qui peu à peu faisaient apparaître des objets de plus en plus riches d'éléments, avec des structures infiniment plus subtiles et complexes. Cette complexification n'est pas une simple addition, car nous sommes dans l'Univers qui fait apparaître, par des interactions, des propriétés nouvelles à chaque fois que des assemblages nouveaux se créent; et ceux-ci sont capables de performances de plus en plus extraordinaires.

Puis, un beau jour, apparaît dans l'atmosphère protégée de la Terre une molécule parmi les autres, l'ADN, qui a le pouvoir de se dédoubler, c'est-à-dire d'être quasiment immortelle. L'ADN va accumuler des pouvoirs, va fabriquer des protéines qui vont entrer en interaction les unes avec les autres, et créer tant de métabolismes que l'ensemble se mettra à digérer, respirer et à réagir, et on l'appellera «vivant». Mais où est la frontière entre l'inanimé et le vivant? Il n'y en a pas, et il ne faut pas poser la question : «Comment ou quand la vie est-elle apparue?». Il y a simplement eu continuité dans l'apparition d'objets de plus en plus complexes.

L'homme, un être «raté»?

Un jour est arrivé ce que l'on pourrait appeler le plus grand événement de l'histoire de la Terre. Deux bactéries ratées, incapables de se reproduire en faisant un double d'elles-mêmes, ont inventé le processus un peu étrange de se mettre à deux pour faire un troisième, ou de procréer au lieu de reproduire, ce qui est très différent. Procréer, cela veut dire tirer au sort dans ce que l'on avait reçu pour n'en envoyer que la moitié, pour faire à chaque fois des êtres inattendus, étranges, souvent loins de la norme, handicapés et quelquefois éliminés à cause de cela, quelquefois aussi tellement loins de la norme qu'ils ont ouvert des horizons nouveaux. Et le cerveau, avec ses milliards de neurones, a été la source d'un nouveau cheminement vers l'«homo faber» avec son savoir technique et la capacité de regarder et comprendre le monde.

«Je» est les autres

Ce que notre cerveau nous a permis de faire de plus décisif, c'est la mise en place d'un réseau de communication plus vaste et subtil que ceux de n'importe quel autre groupe d'animaux. Ce réseau crée un ensemble d'hommes qui est beaucoup plus grand que chacun d'entre eux, et qui permet de transmettre des informations, des émotions et des projets. Il ne s'agit pas là d'une simple addition d'êtres – qui ferait une foule –, mais d'interactions qui font naître autre chose.

Mon patrimoine génétique ne m'a pas appris à dire «je», il m'a appris à être et à fabriquer tout ce qui me constitue, mais pas à savoir ce que je suis ou qui je suis. C'est justement le lien avec les autres, cette entité plus grande que moi-même, qui a le pouvoir de faire émerger une personne, là où la nature avait apporté tout ce qu'il fallait pour construire un individu. Si je dis «je», c'est que l'on m'a dit «tu»; je suis les liens que je tisse avec les autres. Je suis aussi cet objet qui a été fabriqué à partir d'un certain patrimoine génétique, mais mes gènes ne sont pas la source de ce que je deviens au cours de ma vie (et même les maladies réellement génétiques ne sont pas très nombreuses). Les liens que je tisse avec les autres ne sont pas un avoir supplémentaire ou un enrichissement, mais la source même de mon être. C'est cela aussi qui nous oblige à trouver des règles pour vivre ensemble.

Appel à la solidarité

Malheureusement, la communauté dans laquelle nous vivons en ce moment est en train de prendre comme moteur l'attitude la plus destructrice qui soit : la compétition. Si l'esprit de compétition me dit de passer devant l'autre, cela suppose que je ne le regarde plus, que je ne pense qu'à le détruire, et je me détruirai en même temps. Cela n'implique pas, bien sûr, qu'il ne doit pas y avoir émulation, c'est-à-dire un effort de me dépasser moi-même parce que l'autre est meilleur que moi et m'incite à faire de mon mieux pour exceller aussi. Mais il est grand temps de dire «non!» à ceux qui nous demandent d'être compétitifs, que ce soit à titre personnel, ou au nom de mon entreprise ou de ma nation. Le morceau d'Univers qui est entre les mains des hommes est riche et magnifique, mais il est tout petit et il appartient à tous les hommes, à ceux d'aujourd'hui comme à ceux de demain. Nous n'avons pas le droit de détruire les autres ou de nous approprier les richesses non renouvelables de la Terre.

Albert Jacquard, biologiste (France)

Lucien Sève signale quelques problèmes sur le trajet – conceptuel, mais aussi pratique – qui nous conduit de l'individu à la personne. En fait, il lui semble que nous disposons non pas seulement de deux mais de quatre concepts au moins pour essayer de cerner dans son extrême polymorphisme cette réalité qu'est l'être humain considéré à la fois en son universalité et son unicité. Nous avons les concepts d'«individu», de «sujet», de «personnalité», et de «personne».

«L'être humain», une réalité polymorphe

«Individu», dans son acception générale pour tous les êtres vivants, est un concept qui dénote l'appartenance à un ordre biologique ou neurobiologique, qui nous renvoie à une singularité. Quand nous parlons de «sujet», nous inscrivons cette singularité dans une toute autre dimension qui est de l'ordre du symbolique : nous faisons référence à une identité. Nous disons autre chose encore en parlant de «personnalité». Ce concept, souvent négligé par les philosophes, nous donne à penser une dimension essentielle de notre singularité : celle qui résulte de notre inscription dans l'ordre socio-biographique à travers l'ensemble de nos activités, et qui introduit en chacun de nous la dimension de l'historicité.

Le concept de «personne» n'est plus seulement une caractérisation de fait comme individu, sujet, ou personnalité, mais une indication de valeur. C'est un concept non plus seulement à l'indicatif mais à l'impératif; un concept éthique qui enveloppe une obligation de respect. N'y a-t-il pas un changement de plan, un saut qualitatif? Comment passons-nous du registre du fait à celui de la valeur? Ce qui complique encore sérieusement les choses, c'est que cette valeur même est un fait.

Posons la question : «Qu'est-ce que la personne?» au philosophe, moraliste ou juriste : ils vont probablement répondre que la personne est le sujet raisonnable et libre (Kant), et que c'est cette autonomie qui la fait sujet de droits et d'obligations pour le juriste. Par là, l'un et l'autre nous affirment que la personne n'est pas du même ordre que l'être de fait. La personne apparaît alors comme une fiction juridique et, sur un autre plan, comme une valeur éthique, elle renvoie à une dimension virtuelle de l'être humain où se marque une césure profonde avec les réalités purement factuelles que constituent l'être physique, le moi psychique ou le soi biographique.

Tous les êtres humains sont-ils des «personnes»?

Une difficulté inattendue surgit : qui est une personne? Est une personne celui ou celle qui se montre en fait capable d'autonomie? Or, cela nous contraint à refuser la qualité de personne à beaucoup de monde, puisque l'autonomie raisonnable est une caractéristique tardive, fragile, fugace de l'être humain. Conséquence très inquiétante, et que pourtant un bio-

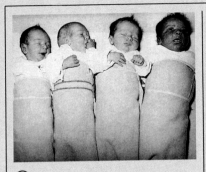

Quatre nouveau-nés, quatre personnes.

éthicien américain très connu comme T. Engelhardt ne craint pas de défendre. Pour lui, même un nouveau-né n'est pas une personne, ni davantage un dément profond ou un végétatif chronique. N'étant point des personnes, celles ou ceux qui ont le plus besoin de notre sollicitude n'auraient donc point droit à notre respect? C'est un paradoxe qui exige réflexion.

Le détour par des ensembles plus grands que nous-mêmes, et dont le rôle est fondamental dans la constitution de nous-mêmes, est ici absolument obligatoire. Nous ne sommes constitués en personnes que par notre inscription multiforme dans ce que l'on pourrait appeler l'ordre historiquement construit de la personne, ordre de rapports à la fois réels et virtuels, pratiques et symboliques, où se manifeste ce qu'il est juste d'appeler la civilisation. C'est le respect des morts ou les règles de parenté, le code pénal ou les droits de l'homme, le sens du sacré ou les initiatives de solidarité.

La personne, un concept en crise?

L'ordre de la personne est d'évidence aujourd'hui en crise. Il tend à s'agrandir avec la montée de nouvelles aspirations éthiques dans les rapports humains les plus divers, mais en même temps il est déstabilisé de bien des côtés – par exemple par la révolution biomédicale – et foulé aux pieds en bien des domaines. [...] En voyant dans la personne non une donnée de nature mais un acquis social, est-ce que nous n'annulons pas le caractère inconditionnel et absolu de sa dignité et de l'exigence de son respect? Est-ce que nous n'en faisons pas un élément historiquement relatif et peut-être même à la limite une simple convention modifiable à gré? Je pense que la tendance forte à biologiser l'humain trouve là non pas sa justification, mais sans doute une explication profonde. [...]

Nous baignons dans un climat idéologique qui tend à nous faire admettre sans raison sérieuse que tout en nous serait programmé par nos gènes. Pourtant, si au biologisme nous n'avions rien d'autre à opposer que le juridisme, c'est-à-dire la réduction de la personne à une fiction, voire à une convention arbitraire, nous aurions peu de chances de convaincre. Qui pourrait accepter l'idée que l'on soit une personne comme on est électeur, en vertu d'un décret? Il y a là un vrai problème qui me semble insoluble tant que l'on ne prête pas l'attention nécessaire à ce qui constitue le socle massif de l'ordre de la personne : l'ensemble des pratiques sociales civilisées et civilisantes. La personne n'est pas du tout une simple convention, c'est un grand fait de civilisation. Là est sa garantie. En fin de compte, nous sommes tous comptables et responsables, au niveau même de nos pratiques quotidiennes, de la dignité de la personne humaine et de son respect vigilant.

Lucien Sève, philosophe
(France)

Homo laborans

Le travail est beaucoup plus que cette section de la vie humaine que l'on échange contre de l'argent : il est le carrefour où se croisent choix individuels et structures sociales, il est lieu d'humanisation et de socialisation. Yves Schwartz et Gilles Châtelet analysent ici le danger de réduire l'activité humaine à sa valeur marchande.

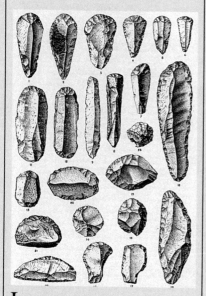

Ⅼes outils de l'*homo habilis*.

Quelle est la valeur du travail?

On a pu, un temps, réduire la définition et la valeur du travail à sa valeur marchande. Depuis une quinzaine d'années, les contours de cette équivalence se délitent et se brouillent. La forme salariale, les temporalités circonscrites et la grande entreprise concentrée sont en décrue par rapport aux délocalisations et à la montée du travail «indépendant»; temps d'activité et de formation, le public et le privé se mêlent. Surtout, la montée du chômage en Europe, et donc une mise hors jeu massive de populations, donne un tour crucial à cette perplexité nouvelle.

C'est là que surgit aujourd'hui la question de la valeur du travail. Faut-il tout faire pour revenir à l'état antérieur, ou bien la modernité nous fait-elle signe vers d'autres formes de la vie sociale?

Le point de vue historique

Il est impossible de donner une définition claire du travail. En témoignent les conflits entre spécialistes pour dater son émergence. Pour le préhistorien, l'émergence du travail se fait avec l'*homo habilis* et la fabrication en série d'outillages; d'autres la situent à la période néolithique, quand les premières sociétés agricoles organisent leur vie autour des exigences de la production. Economistes, sociologues et historiens revendiqueront pour la généralisation du salariat aux XIXe-XXe siècles la construction d'un concept obvie de travail, le temps abandonné contre salaire dessinant une ligne claire entre «travail» et «non travail», «public» et «privé», et ouvrant des modèles de quantification et de mesure de la «valeur».

Aujourd'hui, on dit que le travail a valeur parce qu'il est producteur ou matrice de «lien social». L'expression n'est-elle pas terriblement ambiguë? Vise-t-on des unités économico-institutionnelles (grandes entreprises, administration publique...) ou des voisinages de travail? Vise-t-on les hiérarchies, les relations de pouvoir, voire d'assujettissement?

Le travail ne peut pas être réduit à un échange de temps contre un salaire. Il est beaucoup plus complexe. Toute forme d'activité en toute circonstance requiert des choix, des arbitrages parfois à peine conscients –, donc ce que j'appelle des «dramatiques d'usage de soi». A notre époque, la forme «emploi» ou marchandise du travail est, en général (mais pas toujours), le mode d'activation le plus riche de ces «dramatiques».

Circulations et barrières entre «travail» et autres domaines

Dans nos sociétés contemporaines, toute pensée de la valeur du travail doit essayer d'articuler les «circulations» et les «barrières» entre la forme marchande du travail et les autres moments de la vie humaine.

«Circulations», car toute conception qui séparerait le travail-marchandise des autres moments de la vie sociale appauvrirait ce qu'il est en réalité. D'abord, le «soi» dont j'ai parlé est aussi un corps. Il n'est pas une situation de travail qui n'engage cette obscure entité entre le biologique, le psychique et l'historique, même dans les activités réputées immatérielles. Et c'est le même corps qui se forme et s'use dans toutes les situations de la vie sociale.

En outre, toute situation de travail comporte une «dramatique de l'usage de soi» car elle suppose arbitrages, pondérations, critères, donc engagement. Elle est donc immersion dans un univers

de valeurs, qui ne peut pas non plus être compartimenté en «valeurs de travail» et «autres valeurs». Les valeurs circulent et se retravaillent entre le pôle travail-emploi et les autres rencontres avec la vie sociale et culturelle.

Il y a aussi des «barrières» entre le travail-marchandise et les autres formes d'activité. La forme marchande de travail, dans les conditions actuelles de la vie sociale, situe les hommes et les femmes dans un espace où ils ont la chance, même si c'est par des voies malsaines ou pathologiques, d'être contemporains des pulsations de leur présent, et peuvent tenter de faire de leur milieu un espace possible de normes qui aient une pertinence collective et historique.

L'expérience du chômage le prouve, même lorsque le chômeur dispose de revenus décents. Si les «circulations» vont dans tous les sens, elles sont anémiées et appauvries quand le rapport à ces nœuds de confrontation est coupé, ce qui est le cas du chômage. La dualisation des temps ou types d'activité conduirait actuellement à un système où certains seraient intégrés dans la dramatique des marchés, avec leurs grandeurs et servitudes, et d'autres dans un dispositif assistanciel où l'écho des grands choix qui gouvernent notre monde parviendrait assourdi.

Resterait bien sûr la question centrale : comment offrir à tous des formes d'activité sociale propres à assurer les moyens de vivre et des modalités variables de travail des valeurs? Je n'ai pas de solution en poche. Mais toute économie qui ne prendrait pas assez la mesure des gestions et circulations dramatiques dont toute activité industrieuse est le creuset, minore les confrontations fécondes entre valeurs marchandes et non marchandes

et paraît, de ce fait, mal armée pour
répondre à cette question critique.

Yves Schwartz, philosophe,
université de Provence (France)

*Pour Gilles Châtelet, le travail n'est pas
seulement un tribut de temps payé à la
nature avec réticence, mais bien plutôt un
rapport à la matière et un rapport au temps.*

Le travail comme patience

Le travail engage la totalité de
l'humanité, comme amplification de la
liberté humaine, à la fois en extension –
par le biais d'un développement inouï
de sa puissance opérative et technique –
et en intensité, par la découverte d'une
plasticité propre à l'individu humain.

Substituer le temps de la patience –
qui est le vrai créateur de richesses – par
le temps du travail corvée est peut-être
une des clés pour appréhender ce qu'il
est convenu d'appeler la «crise
contemporaine» ou «l'échec de la
modernité», qui serait sans doute l'effet
de l'écartèlement entre une puissance
technique explosive et l'incapacité de
la développer en harmonie avec une
intensification de l'individuation pour
de grandes masses humaines.

Nous sommes donc ici au comble du
paradoxe : le travail-patience qui devait
hisser l'humanité au-dessus de
l'abjection des «nécessités naturelles»,
produit, à l'échelle de l'humanité entière,
des situations de détresse totale.
Comment font les Indiens d'Amazonie,
qui du point de vue des «ressources
rares» sont à la limite de la survie...
mais n'ont pas de SDF!

Sommes-nous donc embarqués
à huit milliards dans cette espèce de
malédiction qui, voici presque deux
siècles, scandalisait Burke, conservateur
lucide : «Plus on produit de richesses,

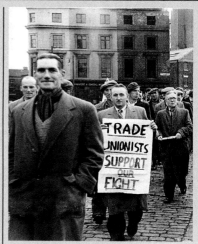

M anifestation syndicale en Angleterre,
années 1970.

plus il y a de paupérisme!» La
cybernétique, au lieu de nous libérer des
routines, induit paupérisme et misère
pour les plus démunis et indigence
intellectuelle chez les plus aisés, infatués
de performance. Ces derniers ne sont
plus qu'un cyber-bétail agrégeant des
unités politiques minimales voisines des
misérables créatures – les robinsons-
particules – de l'état de nature de
Hobbes. Cet état de nature est très
éloigné de «l'état primitif» des Indiens
«technologiquement moins avancés».
Ces nomades se disent «libres dans leur
tête». C'est d'ailleurs le seul espace où ils
sont libres – ils jouissent de la liberté la
plus nulle, la liberté minimale telle que
l'octroie l'Etat néo-libéral minimal, en
coïncidence avec le marché mondial,
totalement fluide et totalement docile.

Dépréciation du travail et de la
patience marchent main dans la main.
Rappelons-nous les magnifiques textes
de Heidegger sur les sabots de Van
Gogh. Quand on regarde un sabot, un

Vélasquez, une statue africaine, qu'est-ce qui fait que l'on a été ému? On se dit, là, un monde s'est joué... La course à la fluidité et à la mobilité, avec son cortège de misère et d'abrutissement, est-elle fatale? N'y a-t-il pas «d'autre politique possible»?

Une chose est certaine : la réponse ne viendra pas d'un modèle mathématique plus élaboré que les autres. Comment a commencé à être vaincu le paupérisme en Angleterre? Il y avait une loi censée protéger les pauvres en disant : «Eh bien vous aurez quelque chose de minimal.» Or, paradoxalement, et c'est ce qui est contemporain, cette fameuse loi provoque un effondrement des salaires et une augmentation du paupérisme. Les choses ont commencé à aller mieux quand les travailleurs ont réussi à se coaliser dans des unités de combat offensives où la question d'une individuation collective s'est posée.

Ici encore, la patience est en jeu : il faut beaucoup de décennies pour construire un syndicalisme de combat, comme il faut de la patience pour sculpter une statue africaine ou fabriquer un boomerang d'aborigène... Nous sommes bien loin des tartarins cybernétiques qui «pianotent» sur l'ordinateur avec l'air suffisant et frivole, méprisant toute «résistance» ou «viscosité» matérielle.

Nous retrouvons l'effet d'écartèlement. L'extension inouïe des prolongements techniques du même corps semble s'accompagner d'une impatience échappant à tout contrôle et directement liée à l'obsession contemporaine de mobilité, de fluidité. Un travail sans patience et sans temporalité propre est incapable de nourrir et d'épanouir une individualité «réelle» : ce serait une bonne définition pour ce que peut produire une sous-humanité.

Gilles Châtelet, philosophe (France)

Question dans le public : avez-vous des propositions de solutions concrètes face à la misère actuelle du travail?

Pour qu'il y ait changement, il faut une résistance collective par des gens effectivement et concrètement concernés et qui prennent des risques. Cela ne dépend pas d'une résolution intellectuelle abstraite. Un intellectuel digne de ce nom peut être une instance critique et extrêmement virulente qui produit de la vérité et des analyses de la façon la plus impitoyable tout en étant le plus patient que possible. Mais imaginer que les intellectuels sont là pour dire ce qu'il faut faire en se mettant à la place du monde entier est une double mystification créée par l'humanisme bourgeois.

Gilles Châtelet

Je suis d'accord avec Gilles Châtelet : les professionnels du savoir ou du concept ne peuvent absolument pas inventer des normes de transformation à la place de tous les autres. Mais de multiples solutions concrètes se présentent. La première est de travailler sur le travail, de mettre en commun des gens qui ont des savoirs disciplinaires, des concepts, un certain nombre de connaissances, et puis des gens qui vivent le travail dans le quotidien. Ce «frottement» est essentiel : il permet, d'un côté, la mise à disposition d'un certain nombre de savoirs et de concepts sur le travail et de l'autre côté, une espèce de mise en mots de ce qui produit des transformations dans les façons de concevoir les organisations du travail. Cette ouverture permet de donner un nouveau champ à des valeurs non marchandes comme l'égalité ou la solidarité, qui s'expriment dans le travail, mais qui restent souvent inconscientes et ne changent rien.

Yves Schwartz

Les images de soi

Le cinéaste Gaston Kaboré met en garde contre un déracinement culturel qui menace des individus dont le corps demeurerait en Afrique tandis que l'imaginaire, conditionné par les films étrangers, fuirait ailleurs. Revenant sur la définition même de «l'imagination», le philosophe Irving Singer explique en quoi le cinéma est bien l'art le plus approprié à la réalisation de soi dans la collectivité humaine.

Ci-dessus et page 98 : images de *Wend Kuûni*, film de Gaston Kaboré (1982).

Images venues d'ailleurs

J'ai commencé à m'interroger sur l'importance fondamentale d'une image de soi lorsque je préparais ma maîtrise d'histoire à la Sorbonne. Mon mémoire portait sur la représentation de l'Afrique en Europe, étudiée à travers les dessins guillochés au crayon du *Petit Journal illustré*, entre 1885, date de la conférence de Berlin, et l'année 1900. Pour justifier la nécessité de la conquête coloniale française, il fallait présenter l'Afrique comme un continent sauvage, où vivaient des gens à sauver de l'ignorance et de la barbarie. Certains résistants africains qui se sont opposés à la pénétration coloniale étaient décrits ici comme des rois sanguinaires, là comme des bandits.

En me tournant ensuite vers le cinéma documentaire contemporain, j'ai voulu comprendre comment l'image construisait la pensée. Une chose m'est apparue clairement : submergés par des images venues d'ailleurs, les peuples de mon continent n'ont pas la possibilité de projeter sur l'écran de leur réel, leur imaginaire, leur sensibilité, la vision qu'ils ont d'eux-mêmes et du monde, voire leurs illusions et leurs utopies. Des images modélisantes leur sont proposées qui les empêchent de se rencontrer eux-mêmes. L'individu africain assujetti au regard d'autrui, par le biais des médias par exemple, en vient à se demander s'il lui est possible d'avoir son mot à dire dans la façon dont le monde est conduit aujourd'hui, et de se projeter dans le futur, en tant qu'homme universel.

Dans mon combat quotidien comme cinéaste, je pars du principe que nous avons plusieurs histoires sur notre continent. Nous avons d'abord une histoire orale, bien que celle-ci soit niée par certains historiens osant dire que la seule histoire est celle de l'écrit.

L'Afrique est avant tout un continent de l'oralité. Je me suis penché sur la méthode de collecte de la tradition orale, parce que la connaissance chez nous passe avant tout par la parole : la parole comme message d'existence, comme mémoire collective, mais aussi comme outil de création avec une capacité de construire le réel et d'imaginer le futur.

Parler à l'âme

Filmer la parole est assez difficile : il me fallait essayer d'inventer une écriture nouvelle. Mon premier film, *Wend Kuûni (Le nom de Dieu)*, était un conte que j'ai imaginé à partir de tout l'environnement dans lequel j'ai été élevé. C'est l'histoire d'un enfant qui n'a jamais connu son père et qui devient muet après la perte de sa mère. Le symbole du mutisme va être résolu à la fin du film, lorsque l'enfant nous raconte son histoire et partage le secret tragique dont il a été porteur. Ce film est donc une tentative d'écriture dans laquelle je transpose le mode de narration propre à mon continent, qui est le conte. En le faisant passer au filtre de la narration cinématographique, mon pari consistait à conserver au conte ses singularités propres, notamment sa pureté, sa poésie, son émotion, son désir d'éternité, et sa prétention d'enseignement universel. Je pense que tout homme, même le paysan perdu dans sa brousse lointaine, a la prétention de marquer son présent et de léguer quelque chose à la postérité.

Le succès que le film a connu dans mon propre pays, mais aussi dans le reste du monde, fut pour moi une révélation. Par rapport à une Afrique où on ne parle que de catastrophes, ce conte offrait quelque chose d'unique parce qu'il parlait à l'âme des spectateurs en les faisant renouer avec le fil de leur passé, en leur disant que leurs histoires peuvent être portées à l'écran.

Mon travail, qui a rejoint celui d'autres cinéastes africains, tente très modestement de donner à mes concitoyens la possibilité de se projeter sur l'écran de leur conscience, d'être à la fois les visionnaires et les destinataires des actes qu'ils posent.

Quelque part, le cinéma africain est un produit étranger sur son propre sol. Dans la quasi-totalité des pays africains, les spectateurs de cinéma ou de télévision n'ont que très rarement l'occasion de voir des images qui leur parlent d'eux-mêmes. Cela me paraît tragique. En effet, on pourrait assister demain à l'existence de citoyens africains dont les corps vivraient en Afrique mais dont l'imaginaire, tout ce qui constitue la fibre de leur vie, serait transporté ailleurs. Ils rêveraient par procuration.

L'Afrique ne peut prendre place comme partenaire du développement qu'avec des moyens de production économiques, bien sûr, mais surtout avec des moyens de production de pensées, de culture, et de sens. Sans cette rencontre fondamentale avec soi-même par la médiation de l'image, il me paraît difficile que l'on puisse véritablement être le protagoniste de son destin, l'artisan de son développement intégral.

Gaston Kaboré, cinéaste
(Burkina-Fasso)

Irving Singer rappelle que, pour la philosophie occidentale, l'imagination est ce qui fabrique les images. L'imagination est ainsi la faculté de transcender la réalité, de faire exister ce qui n'existe pas, de donner un sens à ce qui trouvera sa réalisation dans l'art.

Gaston Kaboré a réalisé un film splendide dont le personnage principal est un enfant muet. En écoutant les idées qu'il mettait en avant, je réalisai que l'enfant muet c'était l'Afrique, c'était le

jeune cinéaste, M. Kaboré lui-même, parlant d'une voix authentique, loin d'une quelconque imitation de ce qui se fait dans d'autres pays, en particulier dans ceux de l'Ouest colonisateur, mais plutôt d'une voix qui lui permet de montrer des images de ce qui est important pour lui en tant qu'être humain, et en même temps d'exprimer ce qui est important pour son peuple et pour les Africains en général. En d'autres termes, c'est une vision très personnelle aussi bien que collective.

Imagination et imaginaire

La philosophie occidentale définit l'imagination comme création d'images, en l'occurrence d'images visuelles. Je pense que c'est une regrettable analogie et que les philosophies qui sont fondées sur cette conception vont dans le mauvais sens, si l'on considère les films qui ont été produits ces cent dernières années. L'imagination est plus que la création d'images. Par imagination, j'entends la conception de ce qui est possible, qu'il soit réel ou pas. Au cœur de l'imagination sont logées différentes facultés dont l'une que j'appellerai l'imaginaire, fondamentale dans les œuvres de fiction, encore que ces dernières peuvent nous en apprendre beaucoup sur notre réalité, et qui sous-tend l'idée de quelque chose qui n'est peut-être pas possible mais pourtant rendu accessible à notre imagination.

Ainsi, le cinéma n'est pas un art de la pure sensation; il ne conduit pas, contrairement à ce que dit Lacan, à la confusion de l'image et de l'imaginaire. Car l'image n'est pas un simple artefact visuel : elle est avant tout l'expression d'une signification.

L'Art est un produit de l'imagination, mais surtout un produit de l'imaginaire, qui est d'une certaine manière si proche de notre nature qu'il nous montre le Réel. Il a d'autres ressources dont l'une, que j'aimerais évoquer, est l'idéalisation. En tant qu'êtres humains, nous tentons toujours d'atteindre des idéaux selon lesquels nous vivons et qui nous définissent. Cela ne nous rend pas nécessairement heureux, dans la mesure où nous sommes conscients du risque d'échec, source de grandes souffrances. Ce qui est intéressant concernant l'Art, c'est qu'il utilise cette recherche en symbiose avec l'imagination et sa composante imaginaire, pour approfondir la réalité, en termes de possibilités. Ce qui s'en dégage est une sorte de réalisation de soi-même.

Le cinéma, art du XXe siècle

Ce qui est remarquable concernant l'Art en général, et le film en particulier, est le fait que nous en ressentons le besoin, et que ce besoin revêt parfois l'aspect de l'action. Il n'est pas surprenant que le mot «action» soit si important dans la réalisation d'un film, c'est le dernier mot que prononce le réalisateur avant que la caméra ne tourne. Ce désir d'action que les films de fiction abordent par le biais de l'imaginaire, et qui les rend peut-être plus dangereux, est une mise en exergue du danger permanent de guerre qui pèse sur le sort des êtres humains. Il existe une autre attitude, qui consiste à ignorer l'action de façon à pénétrer dans d'autres aspects de la réalité qui sont plus importants. Ceux que Kaboré met en relief sont en rapport avec l'Afrique où le besoin d'action politique est évident en regard de la situation historique qu'ont connue les Africains.

Il y a un film de M. Kaboré que je considère être d'une grande importance, appelé *Zan Boko*. Il a trait au conflit entre une culture agraire indigène présentée avec beaucoup de tendresse, aux prises avec les velléités d'expansion de la ville. Le fait que l'on utilise deux langues dans ce film m'a paru intéressant : l'une est le français, qui dans les vieux westerns d'Hollywood correspond à la langue des «méchants». Ces «méchants» parlent français parce qu'ils représentent le désir expansionniste de la ville. Ils sont l'image de l'unification que l'Etat pense devoir accomplir. Tandis que les gens qui figurent les valeurs humaines, les membres de la communauté agraire, malheureusement dépassés par l'histoire et qui seront vraisemblablement avalés et intégrés, parlent leur langue natale. Le conflit est donc exprimé en termes linguistiques. Il n'y a aucun doute quant à l'implication du cinéaste aux côtés de cette communauté paysanne, mais le conflit est présenté de manière si intéressante que l'on finit par sentir la réalité du contraste.

En tant que philosophe, je vois combien il est plus efficace de montrer ce genre de dilemme humain au moyen du cinéma plutôt qu'à travers toute autre forme d'expression. Je pense qu'aujourd'hui, le cinéma est une des formes essentielles de l'Art.

Il est historiquement intéressant de constater que l'opéra, qui pouvait exprimer une grande variété de sentiments de manière très artificielle, a décliné, au XXe siècle, au bénéfice du cinéma. Le cinéma aussi est artificiel, les gens ne ressemblent pas aux personnages d'un film, il n'est pas possible de les voir dans la vie réelle sous l'angle qu'en donne la caméra, les séquences sont souvent coupées et montées de manière particulière. Le cinéma est un produit de l'imagination totalement adapté à notre temps. Il montre, au-delà de nos réalités personnelles, notre réalité en tant qu'entité collective. Maintenant, c'est un besoin vital, parce que c'est avec de tels moyens de communication que nous débouchons sur une nouvelle conception de l'action.

Irving Singer, philosophe, Institut de Technologie du Massachussetts (Etats-Unis)

Périphéries imaginées

Les Européens parlent du Japon comme d'un pays extrême-oriental, un chapelet d'îles à l'extrême-droite de la carte dont l'Europe est le centre. Or des cartes centrées sur le Japon, ou l'Est asiatique, sont chose courante au Japon depuis le XVIIᵉ siècle. D'après Masayuki Sato, les êtres humains se placent au centre, tandis que les peuples barbares, voire imaginaires, sont relégués à la périphérie. Que faut-il penser alors, se demande Babacar Fall, des peuples qui, dans leur propre carte mentale, se représentent le centre du monde ailleurs que chez eux?

*S*hanhaijing (1667), créature imaginaire.

L'image japonaise du monde procède de trois sources culturelles différences – chinoise, bouddhique et chrétienne. Plus d'un millénaire durant, jusqu'au milieu du XIXᵉ siècle, la Chine, à travers laquelle le Japon a assimilé le bouddhisme, a été son principal modèle culturel. Au XVIᵉ siècle, le Japon découvrit la culture européenne à travers les missions catholiques mais, craignant la subversion chrétienne, le shôgunat Tokugawa (1603-1867) décida de leur fermer le pays de même qu'aux marchands des pays Kirishitan (chrétiens); il interdit aux Japonais de se rendre à l'étranger, et l'influence culturelle de l'Europe déclina. Ce n'est qu'au milieu du XIXᵉ siècle que le Japon se réouvrit aux cultures européennes et entreprit de se moderniser suivant le modèle occidental des Lumières.

L'ordre sinocentrique

L'idée d'un ordre mondial dont la Chine serait le centre apparut en Asie de l'Est dès avant l'ère chrétienne. La Chine, dite «l'Empire du milieu», occupe le centre, entourée par les «barbares des quatre points cardinaux». Cet ordre mondial idéalisé devint l'ordre effectif de cette partie de l'Asie, et gouverna l'idéologie et les relations internationales de la région pendant plus de deux millénaires, jusqu'au milieu du XIXᵉ siècle.

Cette image du monde apparaît dans des livres chinois rédigés voici plus de deux millénaires. La toute première description est celle du *Shanhaijing*, ou *Livre des monts et des mers*, écrit autour de l'an 300 avant notre ère, où le monde est divisé en trois sections : «à l'intérieur des mers», «au-delà des mers» et les «régions bizarres». Au cœur de la carte, le continent est centré sur la Chine. Quatre-vingt-deux pays sont représentés, dont trois «pays réels» : le Japon, la Corée et les Ryûkyû. Les soixante-dix-neuf autres pays sont pour l'essentiel des pays imaginaires.

Cette carte sinocentrique rappelle la mappemonde de la cathédrale de Hereford, en Angleterre, la fameuse *Orbis Terrarum* de l'Europe médiévale. Que les cartes d'inspiration biblique ou inspirées du *Shanhaijing* donnent toutes deux au monde une forme ronde est sans doute l'expression d'une image profondément enracinée en nous.

La vision bouddhique du monde

Au VIᵉ siècle le bouddhisme pénétra au Japon *via* la Chine et la Corée, apportant aux Japonais son image du monde centrée sur l'Inde, terre natale du Bouddha. D'après la conception bouddhique du monde, les êtres humains vivent dans un continent de forme ovoïde, le Jambudvîpa, au sud du mont Meru, autrement dit sur un continent à l'image de la péninsule indienne. Cette vision bouddhique de l'Inde au centre du monde contribua à relativiser l'idée, alors dominante au Japon, d'un monde centré sur la Chine. Ces deux approches rivales amenèrent les Japonais à affirmer, au plus tard au IXᵉ siècle, leur propre vision, celle d'un monde de *Sangoku*, c'est-à-dire fait de trois pays : Inde, Chine ou Japon. L'idée d'un monde composé de trois pays domina donc l'esprit populaire japonais pendant plus d'un millénaire.

La conception occidentale du monde

En même temps que la croix et le fusil, les Européens apportèrent au Japon leurs mappemondes aux XVIᵉ et XVIIᵉ siècles. Celle du père Matteo Ricci parut ainsi en 1584.

Le centre avait été déplacé de l'Europe à l'Est asiatique à la demande d'un marchand chinois. Par ailleurs, imprimée en Chine, la carte de style européen transcrivait les toponymes en caractères chinois, que l'on retrouvait également dans le système japonais d'écriture. Introduite au Japon à la fin du XVIIᵉ siècle, la carte de Ricci ne tarda pas à s'imposer parmi les Japonais comme la mappemonde de référence. La première carte japonaise dans le style de Ricci fut imprimée en 1645 sous la forme d'une mappemonde destinée à un usage populaire et accompagnée de quarante vignettes représentant les différentes populations du monde.

Peuples imaginés

Les images japonaises des peuples de l'extérieur se sont formées indépendamment de leur image visualisée du monde. Le *Shanhaijing*, ou *Livre des monts et des mers*, est le premier ouvrage chinois qui décrive les phases de ce monde et les divers peuples qui l'habitent. De fait, on peut dire sans exagérer que les idées qui prévalent à ce sujet en Asie de l'Est, proviennent, pour l'essentiel, de ces pages.

Les descriptions des pays «à l'intérieur des mers», «au-delà des mers» et des «régions bizarres» brossent des portraits des différents êtres humains, présentés avec le nom de leur pays. Cette galerie de portraits dresse l'inventaire des ressources de l'imagination humaine. Le *Wakan sansai zue*, encyclopédie illustrée que compila Terashima Ryoan en 1712, propagea de nouvelles notions de l'étranger dans le Japon du XVIIIᵉ siècle. Terashima avait divisé clairement les pays étrangers en deux catégories : les *ikoku* (pays différents ou étrangers), définis comme «les pays où les habitants emploient des caractères chinois et comprennent les classiques chinois», par opposition aux *gai'i* (barbares de l'extérieur), dont «les habitants écrivent à l'horizontale, ne comprennent pas les caractères chinois et ne mangent pas avec des baguettes».

La «Mappemonde panoramique» du milieu du XIXe siècle paraît être l'ultime fusion de toutes les images qu'avaient connues les Japonais : inspirée des cartes européennes à la Ricci, elle donne les portraits des peuples imaginaires du *Wakan sansai zue*, avec leur pays, et représente la Chine, l'Inde et la Hollande à grande échelle avec, au centre, le Japon reconnaissable au mont Fuji géant et au soleil.

Une vague d'intérêt pour le savoir occidental donna une avalanche d'études sérieuses. La publication de planisphères exacts eut tôt fait de périmer les cartes populaires. En 1872, l'introduction de l'école obligatoire contribua à diffuser la connaissance scientifique de la géographie mondiale. Mais les cartes populaires avaient formé de ce monde une image persistante qui survécut dans la littérature populaire.

«Homo subjectivus»

L'idée originale de mappemonde égocentrique est l'expression d'une mentalité cultivant le sentiment qu'a l'homme de sa supériorité : les êtres humains ont seuls une existence «positive», tandis que les peuples imaginaires, dont l'existence est «négative», sont relégués à la périphérie. Le fait de baptiser ces peuples à partir de leurs caractéristiques physiques procède du même état d'esprit. Il nous est difficile d'avoir un sentiment de notre unité sans postuler l'existence d'«autres êtres» : les «incultes» ou les «barbares», ou encore les «ombres», les «ténèbres», l'«étranger», etc. Nous avons besoin de deux valeurs coordonnées : les êtres humains produisent le centre où ils se placent, loin des périphéries; mais sans ces périphéries, le centre perd sa raison d'être.

En ce sens, on trouve des «périphéries» géographiques, aussi bien que sociales : les premières sont aujourd'hui remplacées par le cosmos, où l'humanité est en quête de périphéries nouvelles. Quant aux secondes, c'est parmi nous qu'on les recherche. Les êtres humains ne sauraient exister sans périphérie : l'être humain est par nature un *homo subjectivus*. Guo Pu (276-324) l'avait compris lorsque, dans son introduction au *Shanhaijing*, il écrivait : «La chose-en-soi n'a rien d'anormal. Tout ce qui est inhabituel apparaîtra tel que moi-même je le vois. L'anormal appartient non pas à la chose-en-soi, mais à moi.»

Masayuki Sato, sociologue et historien, université de Yamanashi (Japon)

Carte mentale et carte scientifique

Si la représentation cartographique révèle la conscience que chaque peuple a de lui-même et des autres, Babacar Fall note combien il est significatif de constater qu'invités à projeter leur propre carte mentale, certains ne situent pas toujours le cœur de la carte chez eux. C'est le cas, par exemple, des anciens colonisés.

L'analyse de la représentation cartographique révèle bien qu'il y a un couple de contraires qui entretiennent une relation dialectique : il s'agit de la carte mentale et de la carte scientifique. La carte mentale s'enracine, comme Sato l'a dit, dans la nature humaine alors que la carte scientifique procède d'un effort pour rendre la carte plus précise, plus objective. Cette tension permanente entre le subjectif et l'objectif est le révélateur, non seulement de l'identité des peuples, comme il l'a souligné, mais aussi de la conscience que ces pays ou ces peuples ont du rôle qu'ils jouent ou doivent jouer dans l'ordre mondial.

Une expérience a été faite à l'université d'Arizona aux Etats-Unis.

Carte des six continents, estampe japonaise du milieu du XIXe siècle.

Un chercheur américain a fait dessiner le planisphère à des milliers d'étudiants dans les cinq continents. Les résultats ont été surprenants. Ils confirment la tension entre les représentations mentales subjectives et la projection cartographique moderne. L'analyse des résultats montre que l'espace terrestre est perçu de manière variable selon l'endroit où l'individu se trouve et selon le passé historique de son milieu. Globalement, la mappemonde est vue sous trois angles principaux : la vision centrée sur l'Europe, où l'euro-centrisme domine largement – avec 79% des étudiants. Il s'agit d'étudiants provenant d'Europe, d'Amérique du Nord, d'Amérique du Sud, d'Asie et d'Afrique. La deuxième vision est celle centrée sur l'Asie, que l'on peut appeler «sino-centrique» et qui représente 11% des échantillons recueillis. La troisième vision, centrée sur l'Amérique, est partagée par 7% des étudiants. Mais, au-delà de ces trois visions, des réponses méritent d'être signalées : à savoir la vision des étudiants d'Australie, de Nouvelle-Zélande et d'autres pays d'Océanie, insurgés contre cette géographie «made in Europe». En revanche, chez les étudiants de pays anciennement colonisés, il paraît nettement que le centre du monde est ailleurs que chez eux.

Au-delà de la cartographie, il s'agit de tout un système de représentation de soi, une vision de sa propre histoire, de ses modèles, qui sont encore puisés à l'extérieur. Il est certes temps de jeter le masque blanc et de faire émerger du cadavre en décomposition du colonisé et du néo-colonisé une autre humanité, qui soit capable d'inventer et de mettre en œuvre un enseignement de la géographie plus égalitaire et qui amènerait de jeunes Africains à centrer la carte du monde sur les longitudes de l'Afrique.

Babacar Fall, historien, université de Dakar (Sénégal)

Le théâtre métis

A l'Ile de la Réunion, où tout le monde vient d'ailleurs, le théâtre métis, dont la pièce de Philippe Pelen, Mâ, est issue, offre à chacun la possibilité de renouer avec ses origines perdues. Le philosophe Gaston-Paul Effa, invité à commenter cette pièce, montre comment elle refonde un «nous» qui comprendrait à la fois les vivants, les morts, les choses et tous les êtres du monde.

Ci-dessus et pages suivantes : *Mâ*, pièce de Philippe Pelen, théâtre Talipot (1996).

Le métissage existe dès le début de la colonisation de l'Ile de la Réunion. Les premiers hommes sur cette île vierge étaient des mutins venant de Madagascar, puis un groupe de colons avec des esclaves, dont quelques femmes. Plus tard, le métissage s'est développé sur les camps d'esclaves et d'engagés, où vivaient ensemble des hommes et des femmes d'origines diverses. S'est développée sur ces camps toute une culture du «fénoir», c'est-à-dire une culture de la nuit. Quelles que soient leur origine ou leur langue, les esclaves, les engagés se retrouvaient la nuit pour laisser parler ou pleurer leur âme, libérer leur corps et donner libre cours à l'expression de leur être. Ainsi naquit le blues de la Réunion, le Maloya.

Le théâtre qui réunit

Comment ne pas voir la chance d'un théâtre métis qui unit et réconcilie comme un défi au monde entier? Ile de la Réunion... Cela suppose une union brisée à reconstruire... Le théâtre peut être au service de cette réconciliation. L'art inspiré du métissage est pour nous animé par cette quête de la réconciliation et donc du lien. Le lien avec soi-même, l'autre, et l'Histoire.

Notre travail se nourrit du voyage, de l'errance, de l'exil, de ce besoin de trouver sa racine en soi et non plus sur une terre perdue. L'homme métis est un homme exilé, un homme qui porte en lui le voyage. Il honore son père, sa mère... Mais déjà, il sait qu'il ne leur ressemble plus. Il a croisé sur son chemin d'autres cultures, d'autres religions. Il est lumineux comme la flamme de la bougie et, comme le dit Mario Serviable, «La flamme vient de la cire blanche, de la mèche noire, elle n'est ni cire, ni mèche, elle est lumière.» La racine de l'homme d'aujourd'hui est en lui, elle n'est plus sur une terre à reconquérir. La seule terre à reconquérir, c'est son corps, sa vie, sa mémoire intérieure.

La mémoire et le théâtre permettent de garder les liens vivants. Le passage du rituel à la représentation permet de ressentir intérieurement ces liens; la beauté devient un aide-mémoire de la beauté des origines, non pas uniquement celle de nos ancêtres, mais de notre propre origine, celle qui nous met en mouvement chaque jour...

Le travail sur les traditions orales, le conte, la musique, le rythme, les mythes, est une passerelle pour se rejoindre et, petit à petit, vivre, inventer, créer un langage universel, un théâtre du monde... Non pas un syncrétisme qui serait une juxtaposition appauvrissante des cultures d'origines mais un art transculturel qui libère de toute appartenance exclusive.

La scène est un laboratoire humain. Acteur, je me retrouve en face d'un autre, d'une autre culture, d'un autre style. Je considère alors l'autre comme la partie non révélée ou non privilégiée de moi-même qui se révèle à moi. Le théâtre me rappelle que j'appartiens à un tout, que tout est en moi et que l'acteur est un cristal aux multiples facettes.

Le métissage n'est pas pour la tolérance, il y a trop de condescendance dans cette attitude. Le métissage n'est pas l'égalisation, l'uniformisation des cultures d'origines. Il est au contraire l'occasion d'ouverture à l'autre, à la différence, à l'universel et donc à soi-même. Il n'entraîne pas non plus la déperdition des cultures d'origine; au contraire, il ouvre les frontières.

Le travail du corps

L'acteur est ce baladin qui va de village en village, d'île en île, de monde en monde, ouvrant le chemin, tissant et célébrant le lien comme une toile de fraternité. Même les cultures d'origine ou les cultures dites classiques sont nées de migrations et métissages. Chacun porte en lui l'Orient et l'Occident; le mâle et la femelle; le souvenir de toutes ces contrées et âges traversés; le feu, l'eau, l'air, la terre, l'animal, le végétal, la pierre. Son corps se souvient du voyage.

Voilà pourquoi il est important d'écouter ce corps de l'acteur, ce corps dilaté. Il est important de lui faire dire ce qu'il sait, de rechercher l'énergie qui le met en mouvement, qui le fait grandir. Le corps a une mémoire au-delà de notre conscience, au-delà de notre naissance. Le corps de l'acteur évolue dans l'espace de la représentation animé par des énergies et des intentions qui lui viennent de loin. Il devient le lieu même de l'acte théâtral. Travailler sur le corps de l'acteur, c'est aussi rechercher la résonance de cette parole parfois oubliée et pourtant encore vivante. Travailler sur la langue, c'est agir sur le monde.

Philippe Pelen, écrivain, metteur en scène (Ile de la Réunion)

Avant de commenter la pièce de Philippe Pelen, Gaston-Paul Effa raconte une autre histoire de l'origine.

Le secret qui donne vie

Je vais vous raconter une histoire de ma tribu. Lorsque Zamba (le seigneur façonneur d'hommes) fit des humains, il les fit femmes et hommes, et il octroya à chacun sept orifices, comme sept voies de connaissance : deux oreilles, deux yeux, deux narines et une seule bouche. Il leur dit : «Je ne vous donne qu'une bouche parce qu'elle sera douée de parole, et la parole peut maudire autant qu'elle peut bénir. La parole est perverse, vous n'en ferez pas un usage abusif.» Il dit au varan : «Va avec la femme et l'homme au fond du jardin.

Tu veilleras à ce que la femme et l'homme ne fassent pas un mauvais usage de la parole.»

La première nuit, un moustique vient à passer, pique la femme qui fait un bond, puis pique l'homme; celui-ci prononce des paroles de connaissance qui font périr le moustique. Le varan entend cela, il se précipite au bord du marigot, se frotte les oreilles avec de la boue, se rince les oreilles avec de l'eau, se rince la bouche, lève les yeux vers le ciel et dit : «Je n'ai rien entendu et ma bouche n'a prononcé aucune parole.»

Le deuxième soir, une mangue tombe et s'abat sur la tête de la femme qui gémit, puis elle s'abat sur la tête de l'homme qui prononce les paroles de connaissance. Le varan entend, se précipite au bord du marigot, se frotte les oreilles avec de la boue, se rince les oreilles avec de l'eau, se rince la bouche et dit : «Je n'ai rien entendu et ma bouche n'a prononcé aucune parole.»

Le troisième soir, c'est un serpent qui vient à muer à côté de la femme et de l'homme. La femme aperçoit la peau, mais ne dit rien, l'homme aperçoit la peau et, pris de frayeur, prononce les paroles de connaissance. Le varan se précipite au bord du marigot, se frotte les oreilles avec de la boue, se rince les oreilles avec de l'eau, se rince la bouche avec de l'eau et dit : «Je n'ai rien entendu et ma bouche n'a prononcé aucune parole.»

Zamba, le seigneur, commence à s'inquiéter de l'hécatombe au fond du jardin où tout dépérit. Alors, il interroge l'homme. Il lui demande : «Que se passe-t-il donc au fond du jardin?» L'homme lui dit : «Mais seigneur, rien, il ne se passe rien au fond du jardin.» «Et toi, varan, que se passe-t-il au fond du jardin?» Le varan lui dit : «Seigneur, tu n'as qu'à regarder mes oreilles, elles sont

pures et ma bouche est pure, je n'ai prononcé aucune parole et je n'ai rien entendu non plus.» «Et toi, femme?» La femme dit : «C'est moi. Tout ce qui s'est passé est de ma faute.»

Alors le seigneur dit à l'homme : «Comme tu as menti, par toi viendra la mort, et tu retourneras à la terre. Quant à toi varan, tu seras à jamais sourd et muet, voilà ta punition. Et toi, femme, comme tu as pris sur toi tous les péchés du monde, par toi viendra la vie, je t'octroie deux orifices supplémentaires et deux seins, ceux qui naîtront de toi t'appelleront «Mâ», c'est-à-dire la mère, celle qui donne la vie, qui donne aussi le secret; dans la hiérarchie des êtres tu seras la première. Retirez-vous. Allez sur terre.»

Cette histoire signifie que dans ma tribu la femme est considérée comme celle qui donne vie, qui donne le secret, qui a su se sacrifier et qui peut aller jusqu'au don d'elle-même. La racine «Mâ» revient dans les civilisations gréco-latines. C'est le mot qui veut dire maternité, qui veut dire musique (dans ma tribu, la femme est celle qui chante), et qui parfois veut dire muse. Lorsque la musique pleure, c'est la nature, c'est l'humanité entière qui pleure avec elle. La douleur de la femme étreint le monde jusqu'aux entrailles de la terre.

Montrer l'immontrable

Dans la pièce de Philippe Pelen, *Mâ*, lorsque Gayatri, la fille du roi, se lamente de ne pouvoir avoir d'enfant, elle compare son ventre à un temple vide. Cette comparaison met en évidence le caractère sacré de la mère. Mâ est celle qui lie et qui relie, qui autorise la communion ou la réconciliation parce qu'elle peut aller jusqu'au sacrifice d'elle-même. On renoue peut-être avec le schéma tragique qui permet au bouc émissaire, en prenant sur lui la totalité de la faute, de sceller la réconciliation de la communauté entière. C'est bien ce qui arrive à la fin de *Mâ* : la naissance de l'enfant réconcilie la tribu et ouvre les portes de la fraternité.

Le défi relevé par Philippe Pelen est de risquer le passage du rituel à la représentation. Or comment représenter l'irreprésentable? Le rituel, par essence, échappe à la représentation. Le «nous» se vit avec les morts, avec les choses, avec les êtres. On entend la voix du feu, on entend la voix de l'eau. Le défi est de montrer «l'immontrable», d'intégrer l'invisible dans le visible. Seul cet art du vivant qui donne sa place au cri, au rythme d'avant la naissance, permettra à l'homme de renouer avec ses origines.

Le roi qui voulait devenir homme

Voici l'histoire du roi qui vivait le dos tourné. Un jour, ses serviteurs viennent lui dire : «Maître, les esclaves sont en train de mourir, certains veulent se révolter.» Le roi se rend chez Zamba et lui dit : «Seigneur, on me dit que mes serviteurs meurent. Que dois-je faire?» «Tu n'es pas encore suffisamment homme, tu es encore très encombré. Va, lorsque tu seras plus léger, reviens me voir», répond Zamba.

Le roi repart dans son royaume et attend. Un serviteur revient lui dire : «Maître, c'est l'hécatombe. Bientôt tu mourras de faim. Tous sont en train de mourir et on parle de te tuer.» Il repart voir Zamba et lui dit : «Seigneur, on m'a dit que le peuple que tu m'as donné est en train de mourir, bientôt je mourrai aussi, tu n'auras plus de représentant auprès des hommes. Que dois-je faire?» «Tu n'es pas suffisamment homme. Va, et lorsque tu seras devenu homme, reviens me voir», dit Zamba.

Il rentre dans son royaume, tous sont morts. Alors, il se tourne vers ses esclaves, il travaille la terre, essaie d'aider ceux qui peuvent encore résister, puis revoit Zamba, désespéré : «J'ai enfin regardé ces hommes moi-même, mais rien n'a changé, que dois-je faire? J'ai travaillé la terre, j'ai essayé d'aider ceux que je pouvais aider mais je suis impuissant. Que dois-je faire?» «Tu t'es enfin tourné vers les hommes. Va, tu es devenu un homme.»

Il retourne dans son royaume et découvre que tout ce qu'il a semé a poussé. Les hommes ont ressuscité de leurs tombes, tout va bien. «Ah! je crois que je suis vraiment devenu un homme», s'écrie le roi.

Gaston-Paul Effa, philosophe et romancier (Cameroun)

BIBLIOGRAPHIE

– **Arkoun, Mohammed**, *Pour une critique de la raison islamique*, Maisonneuve et Larose, Paris, 1984.

– **Arkoun, Mohammed**, *La Pensée arabe*, 5e éd., P.U.F., Paris, 1996.

– **Baier, Annette**, *A Progress of Sentiments : Reflections on Hume's «Treatise»*, Harvard University Press, 1991.

– **Baier, Annette**, *Moral Prejudices : Essays on Ethics*, Harvard University Press, 1995.

– **Bombardier, Denise**, *Tremblement de cœur*, Le Seuil, Paris, 1990.

– **Bombardier, Denise**, *La Déroute des sexes*, Le Seuil, Paris, 1993.

– **Bombardier, Denise**, *Le Mal de l'âme* (avec Claude Saint-Laurent), Laffont, Paris, 1988.

– **Boni-Koné, Tanella**, *Une Vie de crabe*, NEAS, Abidjan, 1990.

– **Boni-Koné, Tanella**, *Les Baigneurs du lac Rose*, NEI, Abidjan, 1995.

– **Briceño Guerrero, José M.**, *L'Enfance d'un magicien : amour et terreur des mots*, Editions de l'Aube, La Tour d'Aigues, 1993.

– **Briceño Guerrero, José M.**, *Le Discours sauvage*, Editions de l'Aube, La Tour d'Aigues, 1994.

– **Châtelet, Gilles**, *Les Enjeux du mobile : mathématique, physique, philosophie*, Le Seuil, Paris, 1993.

– **Dennett, Daniel C.**, *La Stratégie de l'interprète*, Gallimard, Paris, 1990.

– **Dennett, Daniel C.**, *La conscience expliquée*, Odile Jacob, Paris, 1993.

– **Diagne, Souleymane Bachir**, *Les Lois de la pensée*, Vrin, Paris, 1992.

– **Diagne, Souleymane Bachir**, *La Culture du développement*, Codesria, Dakar, 1990.

– **Effa, Gaston-Paul**, *La Saveur de l'ombre*, L'Harmattan, Paris, 1992.

– **Effa, Gaston-Paul**, *Quand le ciel se retire*, L'Harmattan, Paris, 1993.

– **Effa, Gaston-Paul**, *Tout ce bleu*, Grasset, Paris, 1996.

– **Fall, Babacar**, *Le Travail forcé en Afrique occidentale française*, Karthala, Paris, 1993.

– **Fall, Babacar**, *Le Plan d'ajustement structurel et l'emploi au Sénégal*, (ouvrage collectif sous la direction de Babacar Fall), Codesria, Dakar, 1996.

– **Fall, Yoro K.**, *L'Afrique à la naissance de la cartographie moderne*, Karthala, Paris, 1982.

– **Fall, Yoro K.**, *Esclavatura, Reconquista e Descobrimento*, Alfa, 1984.

– **Finkielkraut, Alain**, *La Défaite de la pensée*, Gallimard, Paris, 1988.

– **Finkielkraut, Alain**, *La Mémoire vaine*, Gallimard, Paris, 1989.

– **Finkielkraut, Alain**, *Le Mécontemporain*, Gallimard, Paris, 1991.

– **Finkielkraut, Alain**, *L'Humanité perdue*, Seuil, Paris, 1996.

– **Fraisse, Geneviève**, *La Raison des femmes*, Plon, Paris, 1992.

– **Fraisse, Geneviève**, *La Différence des sexes*, P.U.F., Paris, 1995.

– **Gauchet, Marcel**, *L'Inconscient cérébral*, Le Seuil, Paris, 1992.

– **Gauchet, Marcel**, *La Révolution des pouvoirs*, Gallimard, Paris, 1995.

– **Genzelis, Bronislovas**, *L'Interaction des cultures* (en lituanien), Mintis, Vilnius, 1985.

– **Honneth, Axel**, *The Critique of Power*, Baynes, Cambridge, 1992.

– **Honneth, Axel**, *The Fragmented World of the Social*, Wright, 1995.

– **Jacquard, Albert**, *Tous pareils, tous différents*, Nathan, Paris, 1991.

– **Jacquard, Albert**, *La Légende de la vie*, Flammarion, Paris, 1992.

– **Jacquard, Albert**, *Qu'est-ce que l'hérédité?*, Jacques Grancher, Paris, 1993.

– **Kaboré, Gaston**, *L'Afrique et le centenaire du cinéma* (collectif), Présence africaine, Paris, 1995.

– **Kremer-Marietti, Angèle**, *Les Apories de l'action*, Kimé, Paris, 1993.

– **Kremer-Marietti, Angèle**, *La Philosophie cognitive*, P.U.F., Paris, 1994.

– **Kremer-Marietti, Angèle**, *Morale et Politique*, Kimé, Paris, 1995.

– **Kremer-Marietti, Angèle**, *La Raison créatrice*, Kimé, Paris, 1996.

– **Laïdi, Zaki**, *L'Ordre mondial relâché*, Presses de la fondation des Sciences politiques, Paris, 1993.

– **Laïdi, Zaki**, *Un monde privé de sens*, Fayard, Paris, 1994.

– **Le Goff, Jacques**, *La Naissance du Purgatoire*, Gallimard, Paris, 1981.

– **Le Goff, Jacques**, *L'Imaginaire médiéval,*

Gallimard, Paris, 1985.
– **Le Goff, Jacques**, *Histoire de la France religieuse* (ouvrage collectif sous la direction de Jacques Le Goff), Gallimard, Paris, 1974.
– **Le Goff, Jacques**, *Saint Louis*, Gallimard, 1996.
– **Matvejevitch, Predrag**, *Entre asile et exil*, Stock, Paris, 1995.
– **Matvejevitch, Predrag**, *Le Monde Ex*, Fayard, Paris, 1996.
– **Maurice, Antoine**, *Le Surfeur et le Militant*, Editions Autrement, Paris, 1987.
– **Maurice, Antoine**, *La Braise et la Cendre*, Georg Editeur, Genève, 1988.
– **Mayor, Federico**, *82 Eaux-fortes*, Belfond, Paris, 1991.
– **Michaux, Bernard**, *Penser par soi-même* (ouvrage collectif sous la direction de Bernard Michaux), Chronique sociale, Vie ouvrière, 1994.
– **Middel, Matthias**, *Nach dem Erdbeben. Rekonsruktionen ostdeuscher Geschichte und Geschichtswissenchaften*, Leipzig, 1994.
– **Morgan, Nicole**, *Le Sixième Continent. l'«Utopie» de Thomas More : Nouvel Espace épistémologique*, Vrin, Paris, 1995.
– **Naraghi, Ehsan**, *L'Orient et la crise de l'Occident*, Entente, Paris, 1977.
– **Naraghi, Ehsan**, *Des palais du Chah aux prisons de la révolution*, Balland, Paris, 1991.
– **Ormesson, Jean d'**, *L'Histoire du juif errant*, Gallimard, Paris, 1993.
– **Ormesson, Jean d'**, *La Douane de Mer*, Gallimard, Paris, 1994.
– **Ormesson, Jean d'**, *Presque rien sur presque tout*, Gallimard, Paris, 1996.
– **Posner, Richard A.**, *Overcoming Law*, Harvard University Press, 1995.
– **Posner, Richard A.**, *Ageing and Old Age*, University of Chicago, 1995.
– **Rorty, Richard**, *L'Homme spéculaire*, Le Seuil, Paris, 1990.
– **Rorty, Richard**, *Objectivisme, relativisme et vérité*, P.U.F., Paris, 1994.
– **Rorty, Richard**, *Essais sur Heidegger et autres écrits*, P.U.F., Paris, 1995.
– **Rorty, Richard**, *Contingence, ironie et solidarité*, Armand Colin, Paris, 1993.
– **Rorty, Richard**, *L'Espoir au lieu du savoir*, Albin Michel, Paris, 1995.
– **Salmi, Hamid**, «Le pluralisme linguistique en Afrique du Nord», pp. 41-48; «Le maraboutisme en Kabylie», pp. 101-105 in *Psychothérapie des enfants migrants*, sous la direction de Claude

Mesmin, éd. La Pensée Sauvage, Grenoble, 1995.
«Identité reçue, identité revendiquée» in *Tiddukla*, n° 18-19, oct. 1995.
– **Sato, Masayuki**, «Comparative Ideas of Chronology» in *History and Theory*, XXX-3, pp. 26-50. «Historiographical Encounters : The Chinese and Western Traditions in the Turn-of-the-Century Japan», in *Storia della Storiografia*, n° 19, pp. 38-43, 1992.
– **Schwartz, Yves**, *Je, sur l'identité*, Messidor, Paris, 1987.
– **Schwartz, Yves**, *Expérience et Connaissance du travail*, Messidor, Paris, 1988.
– **Schwartz, Yves**, *Les Caprices du flux*, Matrice, Paris, 1990.
– **Senut, Brigitte**, *Histoire de nos ancêtres. Lucy retrouvée* (avec G. Petter), Flammarion, Paris, 1994.
– **Sève, Lucien**, *Pour une critique de la raison bioéthique*, Odile Jacob, Paris, 1994.
– **Singer, Irving**, *The Nature of Love* (t. I *Plato to Luther*, 1984; t. II *Courtly and Romantic*, 1987; t. III *The Modern World*, 1989), University of Chicago Press.
– **Singer, Irving**, *Meaning in Life* (t. I *The Creation of Value*; t. II *The Pursuit of Love*; t. III *The Harmony of Nature and Spirit*), Johns Hopkins University Press, 1996.
– **Slama, Alain-Gérard**, *Chasseurs d'absolu. Genèse de la gauche et de la droite*, Hachette-Pluriel, Paris, 1980.
– **Slama, Alain-Gérard**, *L'Angélisme exterminateur. Essai sur l'ordre moral contemporain*, Grasset, Paris, 1992.
– **Slama, Alain-Gérard**, *La Régression démocratique*, Fayard, Paris, 1996.
– **Tselishchev, Vitali**, traduction russe de *A Theory of Justice* de J. Rawls, Novosibirsk University Press, 1995, et de *L'Homme spéculaire* de R. Rorty, *idem*, 1996.
– **Vattimo, Gianni**, *Les Aventures de la différence*, Editions de Minuit, Paris, 1980.
– **Vattimo, Gianni**, *Ethique de l'interprétation*, La Découverte, Paris, 1991.
– **Vattimo, Gianni**, *La Fin de la modernité*, Le Seuil, Paris, 1987.
– **Vattimo, Gianni**, *La Religion* (ouvrage collectif avec J. Derrida), 1996.
– **Yovel, Yirmiyahu**, *Spinoza et autres hérétiques*, Le Seuil, Paris, 1991.
– **Yovel, Yirmiyahu**, *Kant et la philosophie de l'histoire*, Méridiens-Kincksieck, Paris, 1989.

TABLE DES ILLUSTRATIONS

CRÉDITS PHOTOGRAPHIQUES

Archives Gallimard Jeunesse, Paris 76. Bibliothèque Forney/AFDPP, Paris 18. Coll. Chanteux 78, 80. Christophe L., Paris 96, 98. Yves Coppens 85. Decointet 1er plat. D. R. 20, 33, 39, 52, 66, 92, 100, 103. Gamma/Chip Hires 46. Gamma/E. Bouvet 70, 72, 88. Gamma/G. Mérillon 43. Gamma/L. van der Stockt 73. Gamma/Lounes 74. Gamma/Marleen Daniels 55. Gamma/S. Morgan/Spooner 40. Gamma/Suriani Liaison 48. Gamma/Vlastimir Shone, Paris 26. Thierry Gauliris 104, 106, 107. Giraudon, Paris 30, 60. Magnum/F. Scianna 12g, 12d. Magnum/J. Koudelka 29. Magnum/M. Riboud, Paris 94. Photothèque René Magritte-Giraudon 14, 62. Photothèque de l'ONU, Paris 10. Photothèque de l'Unesco, Paris 91. Photothèque de l'Unesco/Rogwood Talukper 22. R.M.N./Louvre, Paris 4e plat. Roger-Viollet, Paris 24, 36, 44, 56, 58, 69, 82. *La Tribune* 50/51. © Adagp 1996 pour les œuvres de Magritte.